INTRODUCING HEGEL: A GRAPHIC GUIDE by LLOYD SPENCER
& ANDRZEJ KRAUZE
Copyright©1996 Lloyd Spencer
Illustrations copyright @ 1996 Andrzej Krauze
This edition arranged with ICON BOOKS LTD.
through BIG APPLE AGENCY, INC.,LABUAN, MALAYSIA.
Simplified Chinese edition copyright:
2019 SDX JOINT PUBLISHING CO. LTD.
All rights reserved.

图画通识丛书
A Graphic Guide

黑格尔

Introducing **Hegel**

劳埃德·斯宾塞（Lloyd Spencer）/ 文
安德泽耶·克劳泽（Andrzej Krauze）/ 图
··· 吴 琼 / 译 ···

Simplified Chinese Copyright © 2019 by SDX Joint Publishing Company.
All Rights Reserved.
本作品中文简体版权由生活·读书·新知三联书店所有。
未经许可,不得翻印。

图书在版编目(CIP)数据

黑格尔/(英)劳埃德·斯宾塞文;(英)安德泽耶·克劳泽图;吴琼译. —北京:生活·读书·新知三联书店,2019.5(2025.5重印)
(图画通识丛书)
ISBN 978 – 7 – 108 – 06481 – 3

Ⅰ.①黑… Ⅱ.①劳… ②安… ③吴… Ⅲ.①黑格尔(Hegel, Georg Wehelm 1770-1831) – 哲学思想 – 研究 Ⅳ.① B516.35

中国版本图书馆 CIP 数据核字(2019)第 030318 号

责任编辑	李静韬
装帧设计	张　红
责任印制	卢　岳
出版发行	生活·讀書·新知 三联书店
	(北京市东城区美术馆东街 22 号 100010)
网　　址	www.sdxjpc.com
图　　字	01-2018-6757
经　　销	新华书店
印　　刷	北京隆昌伟业印刷有限公司
版　　次	2019 年 5 月北京第 1 版
	2025 年 5 月北京第 2 次印刷
开　　本	787 毫米 × 1092 毫米　1/32　印张 5.75
字　　数	50 千字
印　　数	10,001 – 13,000 册
定　　价	32.00 元

(印装查询:01064002715;邮购查询:01084010542)

目 录

001 格奥尔格·W. F. 黑格尔
002 生平
004 黑格尔的妹妹克里斯蒂娜
005 预见精神治疗?
006 黑格尔所受教育
007 资料库
010 图宾根神学院的学生
011 荷尔德林和谢林
012 黑格尔的阅读
013 歌德的影响
014 法国大革命
015 黑格尔与"89精神"
016 绝对自由与恐怖
018 做家庭教师
019 瑞士的贵族政治
020 政治经济学
021 败给谢林
023 荷尔德林的重要性
027 介绍康德
028 三大批判
031 哲学中的精神分裂
032 教会与国家
033 基督教
037 介绍斯宾诺莎
040 介绍费希特
042 从启蒙到后启蒙和德国唯心主义
044 抵达耶拿
046 谢林哲学和费希特哲学的差别
050 《精神现象学》的起源
051 拿破仑挺进
054 《精神现象学》说了什么?
055 "意识经验的科学"

- 056 作为自我实现的历史
- 058 主人和奴隶
- 060 十四条十字架苦路
- 062 绝对知识
- 066 报纸编辑
- 068 前往纽伦堡
- 070 黑格尔的婚姻和私生子
- 072 哲学可教吗？
- 074 亚里士多德式的逻辑学
- 076 辩证思维
- 077 总体性
- 078 扬弃
- 080 思维的语法
- 081 否定
- 082 三种矛盾
- 084 三合一结构
- 086 何谓知？
- 090 终于成功了！
- 094 被改革者召唤到柏林
- 095 黑格尔在柏林的公共角色
- 096 拿破仑的没落
- 097 黑格尔的政治态度
- 098 新右翼的崛起
- 099 民族主义和反犹主义
- 100 反对道德主观主义
- 101 黑格尔的演讲
- 102 自由和国家
- 103 国家
- 104 自由的演进
- 105 《法哲学》
- 106 社会伦理
- 107 市民社会
- 110 "现实的即是合理的"
- 112 历史哲学
- 113 世界史
- 114 "日耳曼世界"
- 116 自由没有未来吗？
- 118 自然哲学
- 119 令人不满的科学
- 120 科学是不完全的认知
- 121 作为理念的自然
- 122 艺术哲学
- 123 艺术与宗教和哲学的关系
- 124 象征型艺术、古典型艺术和浪漫型艺术
- 125 古典型艺术或希腊艺术
- 126 浪漫型艺术
- 127 五个门类的艺术

- 128 绘画中的理念
- 129 诗歌：最高级的艺术
- 130 比艺术更高一级的哲学
- 132 反讽的难题
- 134 艺术的终结
- 136 宗教哲学
- 137 三位一体
- 138 神秘的图形
- 140 宗教历史三阶段
- 141 宗教的政治
- 144 1830年英国改革法案
- 145 终局
- 146 黑格尔主义的衰落
- 147 黑格尔"左派""右派"和"中间派"
- 148 青年黑格尔左派
- 149 费尔巴哈的《基督教的本质》
- 150 《德意志意识形态》
- 152 理性的终结
- 153 存在主义的起源
- 155 黑格尔仍然重要吗？
- 156 走向后现代困局
- 158 重新发现黑格尔和马克思
- 160 批判理论
- 161 否定的辩证法
- 162 解构
- 165 历史永远是正确的
- 166 福山的"历史的终结"
- 168 结语
- 170 延伸阅读
- 172 献词和致谢
- 174 索引

格奥尔格·W.F. 黑格尔

黑格尔是一位野心勃勃、令人望而生畏的哲学家,他的哲学旨在融汇此前历史上所有的哲学。他把这整个历史视作一个**完成**的过程,视作存在之大全,甚至是宇宙本身,是向着完满的自我意识的演进。

黑格尔的哲学没有为超出世界之外的上帝留出位置。他不仅将自己的体系呈现为宇宙的自我意识或绝对知识,而且视之为上帝思想的表达。

格奥尔格·威廉·弗里德里希

黑格尔

我认为,在我自己作为一个哲学家的成长过程中,我所写就的或者所表述的,乃是绝对精神的"自传"。

生平

1770年8月27日,格奥尔格·威廉·弗里德里希·黑格尔在斯图加特埃伯哈特街53号出生。

黑格尔的父亲,格奥尔格·路德维希,是符腾堡公国的一个小公务员。这个地区(斯瓦比亚)产生了数量惊人的著名作家、哲学家和神学家。黑格尔在柏林大学教书的时候仍保持着斯瓦比亚如歌咏般的口音。

　　黑格尔是家里三个孩子中的老大。他的弟弟，也叫格奥尔格·路德维希，后来成为一名军官，死于拿破仑的俄罗斯战役。

　　黑格尔在上学之前就从母亲那里得到了拉丁语教育，母亲去世的时候，黑格尔才十一岁。

　　黑格尔在学生时代跟父亲一直相处融洽，但后来因为对法国革命的热情而在父子之间撕开了一道裂隙。

黑格尔的妹妹克里斯蒂娜

黑格尔的妹妹克里斯蒂娜对黑格尔有一种特别的依恋。当黑格尔后来开始他的伦理学思考的时候,曾借用索福克勒斯的悲剧**《安提戈涅》**说到这一点。

克里斯蒂娜对哥哥的依恋可谓刻骨铭心。黑格尔结婚(四十岁)以后,克里斯蒂娜经历了黑格尔后来称为"歇斯底里"的折磨,并因此不得不辞去家庭教师的工作。1820年,她被送到精神病医院,但第二年就出院了。由于一些所谓的错误引发的痛苦折磨,她把对黑格尔年轻的妻子的嫉妒当作发泄口。

> 从《安提戈涅》中,我认识到,妹妹对哥哥的爱是世间最高级的爱。

预见精神治疗？

黑格尔指出，精神治疗必须是辩证的：它要求对患者的抱怨怀有同情心，要赢得心神错乱者的信任；它要求在克服患者单向的和抽象的"固着观念"的同时，也要尊重患者的理性人格。

> 我也想到让克里斯蒂娜接受法国精神病治疗的改革者菲利普·皮内尔的治疗，后者的新观念给我留下很深印象。

菲利普·皮内尔（1745—1826），法国革命时期作为疯癫的解放者而名扬天下。

黑格尔去世两周后，克里斯蒂娜给他的妻子写了一封礼节性的信件，其中附有她对哥哥孩童时期的一个简短回忆，在那里，她描述黑格尔是一个早熟而勤奋的学生。

体力十分之差，但很好相处，因为他总是有许多朋友；喜欢跳远，但舞蹈课上的表现令人实在不敢恭维。

哥哥去世后不到三个月，克里斯蒂娜有一次外出散步，不小心溺水身亡。

黑格尔所受教育

黑格尔的古典学有扎实的基础，他能说一口流利的拉丁语和希腊语。希腊悲剧是他的最爱。他对德国文学十分熟悉，他的科学素养在那个时代也算得上佼佼者。

我的老师没有薪水，只能靠小费，所以他们要最大限度地扩大班级规模，多的甚至达到六十多人，学员的年龄和能力不等。

这大约是黑格尔后来在需要主动自学的情况下所表现出来的信念的源头。

资料库

很早就开始且贯穿一生,黑格尔把他研究过的一切都记录下来。十五岁的时候,他开始写日记(不是个人琐事,而是学习心得和发现)。

我发明了一套"摘录方法",并在笔记本中记下(或汇总)长长的段落……我想要吸收一切!

对他的"资料库"来说,一切都是有价值的材料:语文学和文学史、美学、格言警句、"经历和相面术"、数学、物理学、心理学、教育学,当然还有哲学。黑格尔的学术兴趣简直是无所不包。他想要吸收**所有的一切**。

在这种情形下,如果说黑格尔成熟时期的作品的大量引述包含有错误或者是作者归属有错误,那也是因为他几乎总是仅凭记忆转引。他"为己所用"的材料范围博杂。

黑格尔所处的时代，德国还是一个个小诸侯国的混合体（例如他的出生地符腾堡公国），没有像样的城市，也没有成规模的工业。在普鲁士，要到被拿破仑打败之后，农奴制才被废除，犹太人才得到解放。1765 年，詹姆斯·哈格里夫斯把詹妮纺织机引入英国，而在黑格尔诞生的时代，德国的工业化仍遥不可及。（1835 年德国才有了第一条铁路，此时黑格尔去世已经四年了。）

同代人生卒年

1749 年，约翰·沃尔夫冈·冯·歌德诞生（1832 年去世）
1759 年，弗里德里希·席勒诞生（1805 年去世）
1762 年，约翰·费希特诞生（1814 年去世）
1767 年，奥古斯特·威廉·施莱格尔诞生（1845 年去世）
1769 年，拿破仑·波拿巴诞生（1821 年去世）

1770 年生人

黑格尔诞生（1831 年去世）
弗里德里希·荷尔德林（诗人、黑格尔大学时代最亲密的朋友）诞生（1843 年去世）
路德维希·冯·贝多芬诞生（1827 年去世）
威廉·华兹华斯诞生（1850 年去世）

1770 年后生人

1772 年，弗里德里希·施莱格尔诞生（1829 年去世）；诺瓦利斯诞生（1801 年去世）；萨缪尔·泰勒·柯勒律治诞生（1834 年去世）
1774 年，卡斯帕·大卫·弗里德里希诞生（1840 年去世）
1775 年，J.M.W. 透纳诞生（1851 年去世）

费希特　歌德　席勒
A.W. 施莱格尔

黑格尔　荷尔德林

F. 施莱格尔　诺瓦利斯　弗里德里希

事件

1770 年，玛丽·安托内特与法国王太子完婚；詹姆斯·柯克环球航行发现澳大利亚
1774 年，歌德的处女作《**少年维特的烦恼**》出版
同年，在美国也发生了一系列事件，它们将对欧洲政治产生巨大影响。
1770 年，英国军队在殖民地美国的波士顿大屠杀预示了独立战争的发生（1775 年开始）
1776 年，美国独立宣言
到 1831 年黑格尔去世的时候，美国已经是一个独立的国家，并穿过大陆抵达了西海岸；这一年，马克思十三岁。

图宾根神学院的学生

1788年,黑格尔注册成为图宾根大学新教神学基金会的一名学生,接受成为路德宗牧师的训练。

> 我们觉得他着装比较老套,举止略显笨拙,所以我们给他取了一个绰号:"老头"。

> 我喜好社交,喜欢和其他同学一起小酌。

黑格尔跟**弗里德里希·荷尔德林**(1770—1843)是同室室友,后者后来成为他最亲密的朋友。尽管还只是学生,但荷尔德林已经显示出他在诗歌方面的天赋,不久就赢得了德国文学界两大巨星席勒和歌德的友谊和承认。

荷尔德林和谢林

在结下亲密友谊的头几年,黑格尔从荷尔德林那里汲取了两类营养:一个是对古希腊的理想化;二是认识到只有诗歌才能治愈宗教和理性之间日渐增强的撕裂。

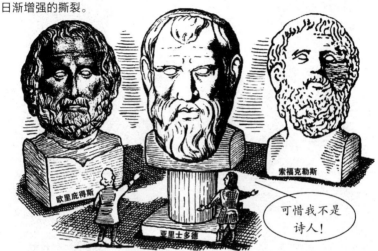

黑格尔和荷尔德林跟**弗里德里希·谢林**(1775—1854)也结下了友谊。谢林是一个博学的路德宗牧师的儿子,比前两位小五岁,但已然显示出作为哲学神童的迹象。谢林十五岁的时候就进入了图宾根神学院。

黑格尔的阅读

黑格尔神学课程的老师注意到黑格尔大部分时间都沉浸在哲学中,他对古希腊的知识造诣极其深厚。

前苏格拉底学派对存在的思考,柏拉图的理念论(理念比现象更真实)和新柏拉图主义有关努斯或精神的观念——在我们看来,这些思想为形而上学的问题提供了丰富的回答,尽管时常也是含混的。

黑格尔在这个时期最喜欢阅读的是法国启蒙作家**让-雅克·卢梭**(1712—1778)。他也阅读 **J.W. 冯·歌德**(1749—1832)和 **F. 席勒**(1759—1805)发表的所有文学杰作和论文。

歌德的影响

歌德的作品和富有魅力的人格对黑格尔时代的整个一代人都产生了深刻的影响。每有大作问世,就会产生出一个新的文类,为人们打开全新的世界观,歌德不断在创造和更新自己。

"他是有教养的(教育、文化和发展)人格化身。"

黑格尔对歌德的欣赏和认同是持久的,离开大学以后,他跟歌德保持着书信往来,还经常登门拜访歌德。1825年,黑格尔从柏林给歌德写信说:

回顾我的精神发展历程,发现您在其中无所不在,我就像您的孩子一样受到召唤……

法国大革命

1789年,就在黑格尔快过十九岁生日的时候,巴士底狱被攻陷的消息和**法国大革命**的事件搅动了整个欧洲。一群法国以及亲法的学生组成了一个"政治俱乐部",黑格尔也加入其中,满怀激情地和大家一起讨论《**人权宣言**》之后欧洲的道德重生。圈子的领袖人物维泽尔(Wetzel)后来逃到斯特拉斯堡躲避官方的苛责。

黑格尔与"89精神"

能活在黎明时光该是何等幸福
但若是个青年就胜似天堂了

——威廉·华兹华斯（1770—1850，与黑格尔同年出生）

1791年春，一个周日的早晨，黑格尔和几个热爱自由的年轻人一起来到图宾根大学校外的草地上，种下了一棵自由树。他们一会儿高唱《马赛曲》，一会儿又吟诵席勒的**《欢乐颂》**（后来贝多芬将它用到了《第九交响曲》中）。

谢林和另一位同学差一点被勒令退学，因为他们翻译了《马赛曲》。关于荷尔德林的活动，当局还保存了一份监控档案。

我尝试和受到残酷镇压的雅各宾秘密社团保持联系。

一边是关心他成为牧师的职业训练的当局，一面是与他关系亲密的虔诚的母亲，两者都期望他安定下来，在因循守旧的宗教服务中度过人生。

绝对自由与恐怖

对巴士底狱攻占日的纪念贯穿了黑格尔的一生。自由一直是他的思想的核心议题,晚年的时候,他还在回忆"89精神"。

所有能思的存在都为这个时代额手相庆。

但是,甚至自青年时代开始,黑格尔就对雅各宾主义的过度暴力持敌对态度。在1794年圣诞节写给谢林的信中,黑格尔说:

你一定听说了广场已经通向断头台。你还在读法国报纸吗?如果我记的没错,我听说它们在符腾堡已经被禁了。这次审讯十分重要,揭示了罗伯斯庇尔政权背信弃义的本质。

在黑格尔看来，如同他的许多同代人认为的那样，大革命蜕变为"绝对恐怖"，显示了精神最深刻的危机。黑格尔第一本重要的著作**《精神现象学》**有一个重要的章节试图对恐怖做出说明，在那里，他把恐怖解释为抽象地论断的、绝对的、与道德关系或制度设计的语境无关的自由的结果。

做家庭教师

1793年毕业后，黑格尔成为伯尔尼贵族卡尔·弗里德里希·施泰格尔·冯·楚格家的寄宿家庭教师。黑格尔在这里待了三年，负责教育楚格家七岁的儿子和两个女儿，还有一个来自纽沙特尔的男孩。

黑格尔觉得很孤独，曾多次出现极度消沉的时期。

我跟我的主人相处不融洽，只好通过和自然的相处寻找慰藉。

他还在学习与研究中寻找安慰，因为他可以免费使用施泰格尔家藏书惊人的图书馆。

瑞士的贵族政治

黑格尔的不满也有政治上的原因。德国本身是一个政治和经济上落后的国家。在图宾根大学所在的小城学习的时候,黑格尔对政治的强烈兴趣是理想化的,对政治现实没有多少认识。在伯尔尼生活的时候,瑞士是由与黑格尔的主人关系密切的一个贵族寡头所统治,这让他眼界大开。在写给谢林的一封信中(1795年4月16日),他谈到政务议会的选举的时候说:

"我们(德国)王室里堂兄弟和姑姑之间的阴谋跟这里的合谋相比简直是小巫见大巫。父亲提名儿子或女婿,政治联姻成为最常见的婚姻形式。为结识权贵,得在这里待上一个冬天,直到复活节选举。"

黑格尔对封建贵族制度的实践和构成的第一手观察使他开始关注宪法的问题,这一兴趣持续了很久。

政治经济学

黑格尔也开始研究古典政治经济学。到 1804 年,他对苏格兰政治经济学家**詹姆斯·斯图亚特**(1712—1780)、**亚当·弗格森**(1723—1816)和**亚当·斯密**(1723—1790)已经稔熟于心。

黑格尔的早期著作显示他对现代自由商业和市场经济有深入了解,并对"市民社会"发展过程中出现的问题有浓厚兴趣。

我对**劳动**的性质和哲学意义也有深刻的洞见。

败给谢林

黑格尔感到很沮丧,至少部分是因为他对自己的能力有所怀疑,同时,他力图周旋于如此不同的众多学术领域,也使得困境加剧。把自己的缓慢进步和年轻朋友谢林的熠熠生辉放到一起比较,更是于事无补,后者已经在着手发展唯心主义的哲学体系了。

1793年,谢林出版了《论远古世界的神话、历史传说和哲学警句》,1794年,又出版了《论一般哲学形式的可能性》,1795年,则出版了《论自我作为哲学原则》及《论教条主义和批评的哲学通信》。

在一封写给谢林的信中(1794年8月30日),黑格尔反思说:

> 不要期待我会对你的著作有任何评论,我只是一个学徒。我正努力研究费希特……我自己的著作还不值一提。

差不多十多年后,黑格尔仍被认为是——且一定程度上他自己也认为是——青年才俊谢林的哲学信徒。

1796年初,荷尔德林成为法兰克福银行家贡达家的家庭教师。同年,荷尔德林为黑格尔在法兰克福找到了一个类似的差事,这样他们可以靠得更近。

初级教学可能让人压抑,但教导孩子肯定比研究目前状态下的国家和教会更加开心。

荷尔德林的重要性

近在咫尺
却难入其堂奥
此为上帝。

——荷尔德林:《帕特默斯》

还是学生的时候,黑格尔和荷尔德林就受到对古希腊的热情的感染,而梦想着一个新的"人民宗教"(民众宗教)来应和自由的时代。他们构想了一个警句:"理性和心灵的一神教,想象和艺术的多神教。"

荷尔德林的上帝似乎近在咫尺,但高度的熟悉感本身就是一个沉重的负担,他已经显露出精神紊乱的迹象。

荷尔德林对恩主年轻的妻子苏塞特·贡达怀有狂热的激情,后者成为他的诗体小说《许佩里翁》里的"狄奥提玛"。

荷尔德林作为诗人和希腊悲剧翻译家的成就是无人企及的,以至于要等到 20 世纪初现代主义的语言实验之后,才被人们充分地认识到。他神思八方,对他而言,哲学和宗教的问题跟真正的人的问题同等重要。他的基督教信仰里混合着泛神论,这源于斯宾诺莎和前苏格拉底哲学家的影响。

> 我起先是席勒的信徒和门徒,我早期的诗作同样具有训导的、启蒙的和教育的功能——就像一个世俗的僧侣,只不过宣讲的不是经文,而是哲学。

荷尔德林跟古希腊世界关系紧密,且极具个人色彩,但很难将这种关系跟歌德和席勒推崇的那种严谨的和公共的"古典主义"程式调和到一起。歌德和席勒在他们的隐居地魏玛可以一定程度上跟骚动不安的外部世界保持隔绝,荷尔德林却容易受到干扰。他的贫寒、他的革命热情,以及他的暴躁脾气,使他很容易走向亢奋和沮丧的两个极端。

1803年,谢林给黑格尔写信说,荷尔德林生活条件简陋,精神几近崩溃。他问黑格尔能不能给荷尔德林提供栖身之处。黑格尔答复说,荷尔德林在耶拿也不会称心如意。此后黑格尔再也没有提到荷尔德林。

荷尔德林出现了精神分裂,他最后的三十年在图宾根度过,由一个尽责的家庭照顾他。他住在一个塔楼里面(虽然可以自由出入)。

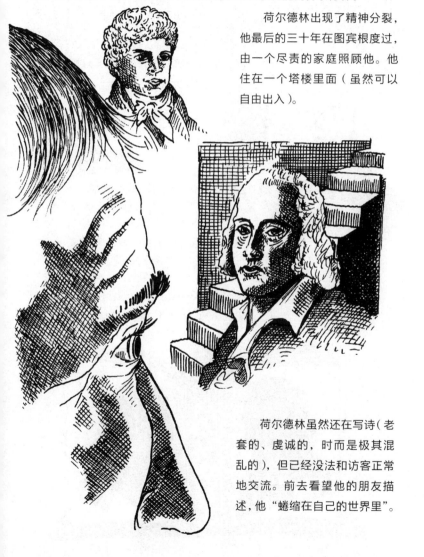

荷尔德林虽然还在写诗(老套的、虔诚的,时而是极其混乱的),但已经没法和访客正常地交流。前去看望他的朋友描述,他"蜷缩在自己的世界里"。

黑格尔太过冷漠、硬心肠吗?他也饱受各种创伤的折磨:自我迷失、撕裂、自闭、自我分裂。黑格尔可能有点害怕——他的妹妹后来就是死于精神分裂——但他不可能冷漠。

我尽我所能进行补偿。我的哲学包含有一种自我分化、否定、矛盾的精神分裂原则,但它的根本目标——跟荷尔德林一样——就是寻求调和或和谐。

受到荷尔德林的鼓励,黑格尔开始认真研究康德的著作。他也购买了费希特回应康德的著作——《知识学》(1794年)——并加以研究。

介绍康德

我们德国哲学实际上就是法国革命之梦……康德就是我们的罗伯斯庇尔。

——海因里希·海涅

在狂热的追随者看来,法国大革命就是福音的宣告,即尽管多少世纪以来都是一些人奴役另一些人、一个阶级压迫另一个阶级,但自由的时代终于就在眼前。

在基督教的教诲中,一个核心原理就是"人人**当**自由"。法国革命表明,自由终于具有了现实的政治可能性。

自由被视为普世的、不可分割的,至少原则上是人人都能获得的。

而在康德(1724—1804)的三大批判之后,真理也不再是不可达成的理想。

三大批判

康德称他的"批判哲学"将是"哲学中的哥白尼革命"。受时代氛围的感染,他的哲学被广泛认为与法国里程碑式的政治革命遥相呼应。

《纯粹理性批判》(1781年)处理的是可靠的或科学的知识何以可能(我们如何认识"真理")的问题。

《实践理性批判》(1788年)为康德的伦理学,是他对道德知识的理解(我们如何认识"善")。

1790年出版的《判断力批判》考察了美学问题,如我们对艺术和自然美的感知(我们如何认识"美")。

> 我期望从康德的体系及其完成中看到德意志的革命。
> —— 黑格尔

> 康德是我们民族的摩西。
> —— 荷尔德林

> 康德已经引领他的人民走出(哲学的)羁绊;其他人必须带领他们走向允诺之地。

为了给科学知识的进步提供一个坚固的基础,康德的《纯粹理性批判》针对知识提出了一系列问题:我们如何知道我们知道的?知识何以可能?我们能知道什么?还有我们不能期望知道什么?

我们通过构成我们主体性的范畴所理解的世界,只是一个被过滤的世界。

康德认为他已经证明了,我们只能以其显现给我们的样子、我们经验的样子来认识世界——而不是按"物自身"的样子。康德不仅为知识提供了基础,同时也给它设定了界限。

康德试图清理哲学中的形而上幻象，他说，形而上学不过是"科学作为体系的理念"。在形而上学中，如同在逻辑学中一样，我们所能获得的是一种整一感、完成感，但是——在康德看来——在形而上学中，这种整一感必定是幻象，是一种虚构。

作为系统清理此前形而上学的所有混乱的结果，真理现在成了有望在18世纪末达成的目标。

《纯粹理性批判》在结尾期望读者沿着"批判的道路"向真理、向"多少世纪以来都未能达成"的成就攀升（由此"使批判的道路变成康庄大道"）。

哲学中的精神分裂

在康德那里，知识主体（认知者）和知识对象（被知者）之间的分裂被复制到主体自身内部。

他在三大批判中对人类官能的处理仅仅帮助强化了知识王国和自由王国之间的分裂。

费希特、谢林，还有接下来的黑格尔，都在寻求向前推进康德的革命。每个人都在以自己的方式寻求弥合康德已经在书中阐明的那些分裂，如信仰和理性、教会和国家、无限和有限之间的分裂。每个人转而也在寻求解决康德遗留下来的悖论，重组康德的范畴表，以形成新的、严谨的体系。

教会与国家

不妨看一下他们对教会与国家之间的分裂采取的立场,以及希腊城邦作为模型对分裂的"弥合"。

按照康德的说法:

教会和国家,两者应该相互分离,互不干预对方的事务。

反之,黑格尔认为:

人不应该分裂成政治的方面和宗教的方面,教会和国家不可分离。

对希腊人来说,城邦——城市共同体——不只是家,它还是一种宗教,是所有伦理义务的基础。但对希腊的民主制而言,奴隶制是不可或缺的。

基督教

黑格尔第一篇完整的论文是《耶稣传》。在那里,所有超自然的神迹被剥离,耶稣主要是布道说教,他高亢的腔调就像那位大学教授、《实践理性批判》的作者:伊曼努尔·康德。与康德自己的事业相一致,康德把耶稣的教诲"你们愿意他人怎样待你们,你们也要怎样待他人""翻译"成他理解的绝对律令。

要只按照你同时认为也能成为普遍规律的准则去行动。

黑格尔则把耶稣的话翻译为:

凡是你愿意人人都遵守的普遍规律,你本人也应按那样的通则行事。

紧接着,黑格尔又写了《基督教的实证性》(1795年),这是一篇真正激进的论文。它的目标就是区分耶稣活生生的、充满动力的、批判性的声音和基督教中归属于建制、归属于教条或抽象的一切——黑格尔称之为"实证性"或"纯粹的律法条文"。黑格尔面对的是一个对他的整个思考而言至关重要的问题:冲动的发展趋势,即从开始批判性的、充满动力和解放性的冲动转向这一切的反面。

"体现自由和人类尊严的法律本身,当它不再充盈着人类精神时,就变成了条文。"

这篇论文甚至认为,耶稣自己可能应当对基督教最具特色的权威主义承担部分责任。

1799 年,黑格尔在《基督教的精神及其命运》中又回到了这一主题,但侧重点有了戏剧性的改变。黑格尔不再是作为启蒙之子尝试让基督教为理性所接受,而更像是一个基督教神秘主义者,奋力想要为耶稣的福音找到充足的沉思性的表达。

"耶稣就像一个悲剧的革命英雄,面对着他的人民堕落和饱受压迫的情境。"

"耶稣是爱的精神的化身,决心跟犹太律法和建制做殊死对抗。"

耶稣被认为是犹太教与希腊人的道德美的结合体,黑格尔跟荷尔德林的紧密联系为他铺平了道路,"那个敏感的诗人对希腊的崇拜就带有基督教的心灵所具有的那种热切的爱"。

整个 1790 年代,黑格尔首要关心的是宗教和道德问题。但对他而言,这种关注跟政治问题是分不开的。他对过时的、压迫性的政治制度同样持有批判态度,或者如他指出的:

实证性 = "从精神中涌现的制度"。

在《德国唯心主义体系第一纲要》(1796 年和谢林合著)中,黑格尔表达了一种激进的国家观。

"……国家是纯机械性的东西……并不存在什么机械的【精神】观念。只有构成自由的对象的东西,才可称为'观念'。因此我们必须超越国家!因为每个国家都必须把自由人当作机器中的齿轮。这恰恰是不应当出现的;因此国家必须消失。"

介绍斯宾诺莎

康德引入分裂之后,德国的唯心主义哲学家都梦想着一个再次结合为一的世界。其启示的来源,或者说带来希望的典范,就是史上最伟大的唯理论者**斯宾诺莎**(1632—1677)。这是一个不折不扣的一元论者,他的世界图景是连贯统一的、和谐的,且是对理性透明的。

斯宾诺莎,这位有着葡萄牙—犹太血统的荷兰哲学家,是争吵不休的《圣经》批评领域的先锋人物。

在我的《圣经》研究中,力图证明这样一个原理:思想自由是社会存在的本质。

斯宾诺莎最重要的作品有一个容易误导读者的标题:《伦理学》(1675年),事实上,这是他的形而上学,以及为探究自然绘制的一幅理性主义蓝图。整本书以逻辑演绎的形式开始,十分像欧几里得的几何学。在这一点上,黑格尔可算仅有的另一位,他认为其全部观念可以用"演绎"的方式来表达。

斯宾诺莎是个一元论者。

> 我力图证明,心灵和物质,或者精神的(理智的)一切和物质的一切,不过是**同一基础实体**的不同方面。这个实体即是上帝。上帝即是宇宙,是万物之总体。

斯宾诺莎激进的唯理论使他产生了一个强烈的信念,相信通过理性可以直接通达真理。跟黑格尔一样,斯宾诺莎认为错误并非外在于真理、与真理相反或会威胁到真理的东西。"真理是它自身的尺度,亦是假的东西的尺度。"

斯宾诺莎相信我们可以通达无时间性的真理。黑格尔的路径完全不同：他认为真理完完全全是历史。但甚至在这里，还是有一个重合点。斯宾诺莎鼓励思想家处理"永恒性之下"的一切暂时之物，而黑格尔的整个体系也是致力于把许多"时刻"和"过渡"纳入庄严、和谐、永恒的图景。

斯宾诺莎的"泛神论"宇宙观和他的决定论对 17 世纪而言太过激进。他受到人们的猜疑，禁止在有生之年出版他最重要的著作《伦理学》。

所有我们时代的哲学家都是通过斯宾诺莎的镜片去观察，只是他们可能并不知道这一点。

——海因里希·海涅：
《浪漫派》（1835 年）

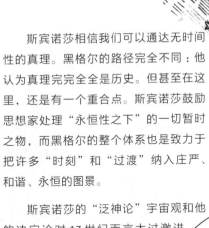

我平静地跟艺术家、波希米亚人生活在一起，靠磨望远镜和显微镜镜片为生，这些乃是我们时代最新的科学技术。

介绍费希特

1792年,一篇革命性的神学和哲学论文匿名发表,标题极具挑衅意味:《一切启示的批判》。由于来自出版康德著作的出版社,也由于人们正热切地期待着康德的宗教哲学问世,所以公众猜测那本书出自康德之手,而实际上它的作者是年轻的**费希特**(1762—1814)。

1793年,费希特撰文支持法国革命,由此被视为危险的民主派和雅各宾分子。不过来自歌德的认可让他在1794年得到了耶拿大学哲学教授的教席。

这就是费希特在《全部知识论的基础》(1794年)中宣称要做的。

费希特尽其所能想要让他的哲学变得清晰。1801年,他出版了知识论的一个导论,书名为:《为一般公众关于最新哲学之真正本质所写的一目了然的报告:为让读者理解而做的尝试》。

从启蒙到后启蒙和德国唯心主义

让我们回顾一下到目前为止黑格尔人生历程的主要特征。黑格尔属于德国浪漫派作家的同代人,他们受到启蒙运动激进的新观念的启发,然而他们觉得需要调和这些观念和老一代的哲学传统,还有宗教。

法国启蒙哲学家,如**狄德罗**和**伏尔泰**,高举理性的大旗去对抗他们视之为邪恶的(天主教)教会与国家的同盟。虽然几位著名的启蒙思想家持守着对神的信仰(其中有几位实际上是基督徒),但反宗教的情感张力仍贯穿于他们的争论中。在最终导向法国大革命的动荡岁月,哲学承担的显著角色似乎就是用理性反对信仰。

德国最著名的启蒙哲学家康德对形而上学怀有敌意,并试图在理性和信仰之间筑起无法逾越的篱墙。他有一本书的标题公然宣称有必要确立《单纯理性限度内的宗教》(1793年)。这种限制性的和不完整的理性概念只具有挑衅的作用。

在我们的时代,宗教和理性的对立就是哲学自身内部的对立。
——黑格尔:《信仰和知识》
(约1800年)

康德之后的后启蒙时代,三位最重要的德国哲学家和唯心主义者——费希特、谢林和黑格尔——都接受过做路德宗牧师的神学训练。谢林和黑格尔自始至终都是路德宗信徒。正如黑格尔经常说的:

"在路德的德国,清教解放了意识,创造了'内心自由'的私人王国。在法国,法国大革命宣告了它的政治等价物,'外在自由'的公共王国。"

费希特、谢林、黑格尔的早期著作典型地标志着启蒙的开始,那里有着对基督教教条的攻击,这一攻击导致了公众对无神论的指控。结果,他们试图在唯心主义哲学和宗教观之间达成调和。

本质上,从古典**启蒙的理性主义**到德国**后启蒙的浪漫主义**,这条道路恰好对应着拿破仑的崛起和坠落,欧洲历史由此揭开新篇章。

可以说,黑格尔根本上就是要将浪漫主义**理智化**,恰如他将启蒙**精神化**一样。

抵达耶拿

1799年,黑格尔的父亲去世,留给黑格尔一笔不算丰厚的遗产。

3154弗罗林24克鲁泽4芬尼——对我而言,足够了,再也不用当家庭教师了。

1801年1月,黑格尔抵达耶拿,贫穷、不善言谈、缺乏条理,因而也没有成功。甚至是在年轻的、才华出众的朋友谢林的帮助下,黑格尔才明白应该努力成名。那时,耶拿是德国哲学之都,魏玛则是文学之都。谢林年仅二十六岁就成为耶拿大学的教授,已经出版五部著作。

这使黑格尔走上了大学讲台,但没有薪水,报酬来自学生的学费。

黑格尔的一个竞争对手指出,在哲学系,老师和学生的数量已接近一样多——二十比三十。实际上,还有十二位老师在讲授哲学,其中有六位是无俸讲师。

尽管有歌德、谢林这些人的支持,黑格尔到1807年才拿到学院的薪水,那时他已经三十七岁,即将离开耶拿。

谢林哲学和费希特哲学的差别

费希特和谢林的哲学体系在德国的大学都很流行。最终费希特与谢林渐行渐远,他对待谢林俨然后者是他的助手。

费希特认为,哲学体系应当建立在某个独特的基本前设或原理的基础之上。

我提出的主体论内在于康德的"批判哲学",但我把自我(或者说"我")设定为基本原理。

他说的不是单一主体,或自我,而是宇宙或全部现实作为"绝对主体"。

受到阅读斯宾诺莎的影响,我不久便抛弃了费希特的基础,转而支持"绝对"作为中性的"同一性"这种新观点,以此为主体(心灵)和客体(自然)奠定基础。

谢林诱导黑格尔写了第一部正式出版的作品,一本百来页的小册子:《费希特与谢林哲学体系的差别》(1801年)。一点也不奇怪,黑格尔支持谢林。

谢林和黑格尔合作编辑出版《哲学评论杂志》，为的是尽力去捍卫黑格尔所说的"事业"。

谢林创造性地和深入地发展了康德和费希特的观念，后来在黑格尔包罗万象的绝对唯心主义体系中得到系统化的许多要素，在谢林才华横溢的论文中已经首先出现。谢林对重要问题上不断更新的立场进行阐发的能力，胜过他自己的哲学呼吁的持续综合和阐述的能力。

"……谢林引导着对公众的教育！"

1803年，谢林（二十八岁）与卡洛琳娜·施莱格尔（四十岁）结婚，后者刚刚合法解除了跟浪漫派著名学者 A. W. 施莱格尔（1767—1845）的婚姻。这桩丑闻在耶拿轰动一时，谢林被迫离开耶拿到了维尔茨堡，在那里他转向了宗教问题，转向了格尔利茨制鞋匠、神秘主义者雅各比·波墨（1575—1624）的神智论。1806 年谢林又迁移到慕尼黑，这年他三十一岁，已经是十余部重要著作的作者，堪称德国最著名的哲学家。他曾经伸出援手帮助的黑格尔这一年三十七岁，却还是一贫如洗，默默无名。

黑格尔抵达耶拿后不久，耶拿大学开始失去其优势地位。1799年，费希特因被指控有无神论思想而遭到解职。按歌德的说法，费希特是因为不满思想遭到剽窃离开的。费希特到了柏林，席勒定居魏玛，谢林加入胡佛兰德和保卢斯的学术圈子，到维尔茨堡大学任职。耶拿大学失去了一批最杰出的教授。

黑格尔好不容易抵达了中心，但只能眼睁睁看着它与他渐行渐远。黑格尔后来评论说："哲学总是姗姗来迟"。

我需要的是一部重量级著作来使我出人头地，以确保我的学术生涯。

《精神现象学》的起源

1803年夏季学期,黑格尔宣布他要发表一个"哲学体系"。此后,他多次提到他的《哲学全书纲要》可能会在几周后出版——但从未兑现——并称这不是简单的学术纲要,而是一部将会永久地改变哲学的天才之作。

终于,1806年,我给学生提供了一份打印稿,作为课程的材料。

F.I. 尼特哈默尔

黑格尔真正出版的第一本书表明他要写的是一个系列。书名叫《科学体系,第一部分》("精神现象学"的字样只是以很小的字体出现在页面下方)。他一直在写作这本书的后半部,因为10月18日是交稿的最后期限。如果不能如期交稿,他的朋友尼特哈默尔就要支付担保金。尼特哈默尔要求,如果校样在10月13日前无法寄出,黑格尔就必须赶到巴伐利亚的班贝格跟他会面。

拿破仑挺进

拿破仑控制南德大部分地区已经有一段时间，现在他的军队正在接近神圣罗马帝国最后的残余：普鲁士。

黑格尔的书也已经进行到最后的章节，他觉得他的哲学和世界史正在发生交叉。部分手稿的唯一打印稿已交付给信差，后者在耶拿战役前夕骑马穿过法国边境线，从耶拿赶往班贝格。

10月12日夜，拿破仑炮击耶拿，第二天他的军队进入城区。黑格尔把最后几页书稿装进口袋，写信给尼特哈默尔说：

"我看到皇帝——世界精神——骑马巡视全城；看到这样一个个体，在一个独特的时刻，骑着一匹与众不同的马，出现在这里，不只是经过这个世界，还要统治它，这感觉简直太神奇了。"

这种热情并不新鲜。黑格尔视拿破仑为注定要把法国革命的积极遗产在德国变成现实的人。这将意味着封建特权的消解和市民权利的确立——事实上，是全新的政治制度的确立。

黑格尔的压力不只是来自拿破仑的挺进和他自己跟出版商的扯皮。黑格尔房东的妻子怀孕了。这个黑格尔的私生子路德维希于 1807 年 2 月 5 日出生。

有段时间黑格尔在谋求另一个学术职位。

感谢上帝！由于尼特哈默尔的影响，我得到了一份天主教日报《班贝格报》编辑的职位。

1807 年 2 月 20 日，他写信给尼特哈默尔说，他接受那个职位。同时他还在一页一页地校订《精神现象学》。

《精神现象学》说了什么?

毫无疑问,《精神现象学》是史上最奇特的一本书。黑格尔在余生将要系统提出的几乎所有学说在这本书中都有预示。这本书通篇说的就是理性,并声称要描绘一套逻辑演绎,而所有的迹象表明写作是在灵感状态下完成的。

黑格尔描述这本书是一个梯子,借助于它,我们便能从直接的、有限的世界经验攀爬到真正的哲学制高点。一旦我们获得了这样一个正确的哲学视点,就可以搬走或撤掉梯子。黑格尔强调说,哲学的开端预示了那个视点,但只有在《精神现象学》的最后才能达到。而梯子也具有特殊的形式。事实上,就像黑格尔自己指出的,它是一个圆圈。确实,在这本书以及后来的著作中,黑格尔反复提到"圆圈中的圆圈"。

"意识经验的科学"

德语中的"经验"（Erfahrung）一词已经暗示动词"行进"（fahren）的意思。《精神现象学》记录了意识通过行进从简单的直接性到系统科学的扩展过程。

"各个个体，如就内容而言，也都必须走过普遍精神所走过的那些发展阶段，但这些阶段是作为精神所已蜕掉的外壳，是作为一条已经开辟和铺平了的道路上的段落而被个体走过的。这样，在知识领域里，我们就看见有许多在从前曾为精神成熟的人们所努力追求的知识，现在已经降低为儿童的知识、儿童的练习，甚至成了儿童的游戏；而且我们还将在教育的过程中认识到世界文化史的粗略轮廓。"

——《精神现象学》，"序言"

作为自我实现的历史

这一演进的系列就如同"思想阶段"的活化石,摹写了人类在其历史进程的各个阶段的实际经验。历史事件——如宗教改革、法国大革命、拿破仑征服——以及哲学事件,如康德对启蒙的完成、德国唯心主义的出现,都属于心智实验和发现的过程。

这是高度浓缩的历史,是心灵反思和自我发现的旅程,虽已历经千年的进步,但仅仅是达到了自我意识的阶段。

黑格尔的哲学是人类记忆的具体化,它把残留下来的记忆碎片拼合到一起。它把人类自我实现的历史视作一个有意义的整体,由此呈现了人类为拥有自身过去的总体性而付出的努力。

黑格尔对人类进步的历史的重述揭示了意识的自我认识以及由此把自身转变为自我意识的过程,或者更确切地说,意识如何认识到它已经就是自我意识。

> 为了意识到世界,我必须同时意识到自身就是意识。自我意识是"被建立到"意识中的。

> (主体/客体)相互关系一旦到了意识到我并非世界上的唯一时,就会变得复杂起来。

> 自我的意识(自我意识自身)还不是真正的主体。

自我意识，或者说主体性，直接就是**缺乏**某个东西即客体的意识。自由由此开始。在**欲望**中，自我意识是意识到自身的统一性与目标的意识，但也是与其他意识分裂、疏离的意识。如果人类必要走向其自觉的历史，黑格尔就得说明个体的自我意识如何才能以本质的方式相互联系在一起。他必须说明自由如何既是人类个体的分离，也根本上是他们的统一。

主人和奴隶

为解释这一进程,黑格尔设想了两个原始自我意识的相遇。这就是著名的"主奴关系"。

每一个埋头于生计的自我一开始是作为相互的阻碍因素相遇的,因为他们都想拥有世界,都想要获得另一方的确认。

结果是为了另一方的确认展开生死决战。屈从的一方因为不愿意面对死亡而成为奴隶。

主人靠自己是没有办法摆脱自身的依赖和异化的。

令主人战栗的是，奴隶跌跌撞撞走出了狭隘的自我认同和自私自利。

奴隶被迫劳动，（渐渐地）学会了自尊，发现自己的本质就反映在自己的劳作中。

我认识到我周围的世界是我创造的。那是我的世界——虽然我们为主人所拥有。

悖谬的是，主人一直在依赖状态，而奴隶（渐渐地）教会了自己独立。

欲望、意识和自我意识、恐惧、异化、作为被迫劳动的结果的世界创造——在所有这些方面，真正的斗争皆显示为确认之战。毫不奇怪，黑格尔的神话在今天仍能产生回响。马克思主义者、存在主义者、黑人文化认同和黑人意识运动的精神设计师，都从黑格尔的传奇中获得了丰富的滋养。虽然黑格尔通篇说的是"他"，女性主义者也在此获得了启示。

十四条十字架苦路

《精神现象学》的旅程要经过十四个站台，它们被配置在三个主要的阶段下：意识、理性和精神（或心灵）。黑格尔在最后阶段呈现了最令人惊讶的意象："绝对精神的骷髅地。"两条道路——历史科学和认知科学——在骷髅地的山顶相遇，绝对精神就钉在那里的十字架上。意识的十四个站点可看作十四条十字架苦路。

意识

1. 感觉确定性：以"此地""此时"作为开始，然后讨论"这一个"或者说特殊。

2. 知觉：可能是错觉，因而它揭示了我们的世界感知的矛盾本性。

3. 知性：揭示秩序、规则和组织。

自我意识

4. 自我的确定性，以及确认和自由之战。

理性

5. 观察的理性，包括对自然和自我的观察（以逻辑和心理学的方式）。

6. 理性的自我意识通过其自身的活动而实现或付诸现实（以自私的快乐、道德以及自我欺骗或自大的方式）。

7. 满足于自身的个体性，包括对法律的理性阐述和对法律的理性审核。

精神

8. 真实的精神或伦理秩序，这一节处理人的法律和神的法律、罪过和命运。涉及有关律法、性关系和家庭的内容。

9. 在文化中外化或表达自身的精神。三个环节处理的是信仰的时代和宗教改革、启蒙运动、法国大革命及其向恐怖的转化。

10. 道德和良知或对自身具有确定性的精神。在此，黑格尔处理了康德的责任概念以及资产阶级自由的其他形式。

11. 自然宗教，包括上帝作为光、作为植物和动物，以及作为造物主。

12. 艺术，或黑格尔在副标题中表述的"艺术形式的宗教"，处理的是偶像崇拜以及"精神的艺术作品"。

13. 天启宗教，其表现形式如上帝之死（被钉上十字架）和圣三位一体的神秘。

14. 绝对认识或绝对知识。

绝对知识

在黑格尔的进程表中,绝对知识就相当于"哲学自身",跟他自己的尚未以充分的体系化形式阐发的哲学体系相毗邻。

在全书简短的结尾章,"Geist"(精神或心灵)开始认识自身。它在它造就、创造的世界中认识自身,它领会到"它的生成,历史即是认识着的、以自身为中介的变化过程——在时间中外在化了的精神"。

这一生成过程呈现为一种缓慢的运动和诸多精神前后相继的系列,这是一个图画的画廊,其中每一幅画像都拥有精神的全部的财富,而运动所以如此缓慢,就是因为自我必须渗透和消化它的实体的全部财富。

有关"绝对知识"的最后章节是如此之短,甚至都让人觉得是被删减了——就好像对那一道路的渐进式追溯走到这里的时候突然提速了。我们回到真实的时间——就在此时,感觉到自己作为能思的存在随着时间回望,并在时间中看到它的形态和目标。

绝对知识,或绝对精神的自我认识,只有经过"严肃、痛苦、忍耐、否定性的劳作",才能抵达狂喜的境界,就像黑格尔解释的:"精神的生活不是害怕死亡而幸免于蹂躏的生活,而是敢于承当死亡并在死亡中得以自存的生活。精神只有当它在绝对的支离破碎中能保全自身时才赢得它的真实性……精神所以是这种力量,乃是因为它敢于面对面地正视否定的东西并停留在那里。"

《精神现象学》提供的东西十几年前在黑格尔早期对传统神学的攻击中就已经露出端倪。

去接纳控制世界及其全部文化形式已达几千年的苦难和混乱的全部能量,并胜过它们——这是唯有哲学才能做到的。

在给天主教医生、后来成为哲学教授的 K.J.H. 温迪什曼（1775—1839）的一封信中，黑格尔十分煽情地描述自己经历过的"心灵的黑夜"。

"在这里任何一条路径的开始，都会中断，失其所在，不知所终，使我们离开确定的方向。我从自己的经验也体会到这种状态，与其说是情感上的，还不如说是理性的。当理性一旦带着兴趣和它的期冀进入了现象的混乱之中——尽管目标一致是确定的，但还穿不透这团混乱，达不到对整体清楚而详尽的了解——就会产生这种情绪。有这么几年，我也染上过这种犹疑症，简直弄得我精疲力竭，万念俱灰。也许每个人在一生中都有这么一个转折点，这也是他的本质凝聚的一个昏暗时刻，他要被迫穿过这道窄门……"

报纸编辑

在耶拿战役中拿破仑打败了普鲁士,致使大学所有的事务都停摆了。

黑格尔已经在巴伐利亚开始编辑工作，他服务的是天主教的一家日报《班贝格报》。巴伐利亚有一段时期一直在拿破仑的控制之下。作为编辑，黑格尔接触到大量日常事件，从巴伐利亚的改革到来自欧洲其他地区乃至海外的新闻。黑格尔显然很享受这份工作。尽管他以前对拿破仑持比较肯定的态度，但他跟书报审查机关还是难以和平相处。

前往纽伦堡

尼特哈默尔已晋升到巴伐利亚教育署的重要职位,开始着手教育制度改革。尼特哈默尔是一个新教徒,他的改革是对老的天主教等级制的反制,他以法国课程体系为样板,极力想引进开放的人文主义课程。他还任命黑格尔主持这一重要的政治任务。1808年,尼特哈默尔为黑格尔在纽伦堡的一所古典男校谋到校长和哲学教授的职位。

1808年,黑格尔被任命为中学校长,他在这个位子一直待到1816年。从私人家庭教师到无俸讲师,再到中学校长,黑格尔在中级教学岗位而非大学前后待了十四年。当然他对工作是很认真的。在缺乏资金和设施的情况下,学校还必须发展,黑格尔需要迎接"力量强大、不可改变的命运,亦即纷繁琐事"的挑战。

黑格尔花了大量时间引导学生(十四到十九岁)学习他提出的拓展的、系统的反思性思维。

"严肃的古典研究是最好的哲学导引。但可能不是对每一个人都适合。"

黑格尔的婚姻和私生子

1811年,四十一岁的黑格尔跟纽伦堡的名门闺秀玛丽·冯·图克完婚。图克的年龄还不及他的一半。

我们的婚期提前了。一桩十分幸福的婚姻。

1812年,我们的第一个孩子出生了,是女孩,但不久就夭折了。

黑格尔的弟弟、他的私生子的教父路德维希在拿破仑的俄罗斯战役中丧命。

当1816年黑格尔终于获得哲学教席的时候,他把私生子带回到家中。那时,黑格尔已经有了两个孩子,分别为三岁和四岁。路德维希接受了很好的教育,但因为未被获准学习医学而愤愤不平。

有段时间我跟激进的学生活跃分子联系密切,直到父亲让我参军以后才得以脱身。

他乘船去了荷兰东印度公司,后来在那里患上热病致死。

哲学可教吗？

虽然教学事务缠身，但黑格尔并未放弃哲学研究。他令人望而生畏的、最抽象的著作《逻辑学》于1812年、1813年、1816年分为三部出版。

黑格尔认为，要想让哲学变得可教，就必须给出一个有规律的结构。

黑格尔要求他的学生从掌握作为法律、道德和宗教之基础的原理开始，只有读到高年级才进入逻辑学和哲学。为了课堂使用，他着手为他的哲学体系提供一个综合但极其简洁的版本，即直到他死后才得以出版的《哲学初步》。

黑格尔试图通过"逐步练习"来引导他的学生进入反思性的思考。

在每周四小时的课程中，我都是先朗读短小的段落，然后用余下的时间做更详尽的解释，鼓励学生质疑和进行主题讨论，覆盖面涉及许多主题中的每一个难点。

亚里士多德式的逻辑学

1808年,黑格尔还说要在传统逻辑学——始于亚里士多德的古典形式——和他自己的逻辑学之间搭建桥梁。亚里士多德式的逻辑学两千年来一直是逻辑学的标准。

亚里士多德(公元前384—前322)完善了演绎论证,即所谓的"三段论"的形式。

三段论:

所有的人都会死——大前提

所有的希腊人都是人——小前提

因此所有的希腊人必死——结论

古典推理假定逻辑同一性的原则 A=A,或 A ≠ 非A。

> 我无法在这一逻辑和我的思维模式之间建立起桥梁,我需要新的东西!

为什么黑格尔需要一种不同的逻辑？也许你在他的《精神现象学》中已经找到答案。

黑格尔常常称《精神现象学》是他的"心理学"，因为它是他唯一处理世界的作品，在那里，世界不是显现为绝对心灵（或精神），而是显现为我们自己一样的日常心灵。他追溯了意识从我们日常的心灵状态到"系统科学"的顶点的道路。

但是，在写作那本书的时候，我意识到需要运用新的、前所未见的思维方式。

辩证思维

黑格尔的新的思维方式被称为"辩证思维"。辩证思维之所以难以解释，就因为它只在实际运用中才能看到。它不是一种"方法"或一套可以简单陈述，然后可以运用于任何主题的原则，就像亚里士多德的逻辑学那样。

我们如何理解这一辩证思维的运作？

首先得理解黑格尔独特的哲学志向。

> 在我们读大学的期间，荷尔德林和我对"万有归一"有一种奇特的认识。我现在可以借逻辑来传达这一神秘的观念吗？

总体性

在黑格尔看来,只有全体是真实的。每一个阶段或时刻都是局部的,因此是特别不真实的。黑格尔的宏大观念就是"总体性"——它包含了每一个观念或它已经克服或涵盖的每一个阶段。克服或涵盖是由各个"时刻"(或阶段)构成的发展过程。总体性是那一过程的产物,它保存了每一个"时刻"作为其结构的构成要素,而不是作为阶段。

把这些结构要素视作某一整体结构相互关联的部分,或者更确切地说,视作片断结构。

扬弃

亚里士多德的逻辑关心的是某一演绎方式中分离的、离散的（自我）同一性。黑格尔以一种动力学的、朝向全体的运动取代了这一古典的、静态的逻辑观。全体是一种克服，也是对所克服的东西的保存。

没有什么东西失去或消亡，而是得到保存并获得螺旋式的上升。可以想一想展开的蕨类植物或贝壳。

这是一种有机的而非机械的逻辑。黑格尔用一个特殊的术语描述这一既克服又保存的"矛盾"：Aufnebung，一般翻译为"扬弃"。

不管要发生什么，一切都已各就其位。

量子理论、后现代宇宙论、混沌理论、计算机界面、生态学，所有这一切实际上都在质疑这一"总体性"的观点，因而不是"黑格尔主义的"。

思维的语法

在黑格尔对逻辑的处理中，思维是寄居于自身之上的，而不是试图去理解世界的。《逻辑学》处理的是逻辑范畴，而不是历史事件或与世界关联的各种模式。它是世界的缺席或与世界本身保持距离。

我把我的逻辑研究类比于语法研究。当你后来去观察语言运用的时候，当你领会到使诗的语言产生如此效力的原因时，你实际上只能看到效果。

黑格尔处理的是一系列逻辑范畴：存在、生成、一、多、本质、生存、原因、效果、普遍、机械论和"生命"。每一个范畴依次得到考察，由此揭示出自身的不足和内部张力。每一个范畴产生另一个内涵更多的范畴——它们就这样依次得到相同的检视。

否定

黑格尔称他的思维的这一动力学方面为"否定"的力量。正是通过思维的这一"否定性",静态的(或习惯的)思维被扬弃或消解,产生出流动的和具有适应性的范畴,揭示出它对朝向"全体"的渴望。

辩证思维的否定动力源自它的在几乎每一个范畴或同一性内部揭示出"矛盾"的能力。

黑格尔的"矛盾"不只是简单的机械否定或对立,实际上,他挑战的正是古典的静态的自我同一的观点,即 A=A 或 A ≠ 非 A。

通过否定和矛盾,黑格尔揭示了多样而广泛的联系——差异、对立、反思、关系。它意味着范畴的不充足性或它的不连贯性。更具戏剧性的是,范畴有时候是自我矛盾的。

三种矛盾

1.《逻辑学》的三个部分涉及三种不同的矛盾。在第一部分存在论中,对立的概念双方初看之下似乎是公然对立的,仿佛它们相互之间毫无关联:有—无/量—质。只有通过分析或演绎,它们才能显示出紧密的相互联系。

2. 在第二部分本质论中,对立双方直接地相互涵涉,例如内与外,界定了一方就等于是界定了另一方。

3. 在第三部分概念论中,我们抵达了最为复杂的矛盾层次。在此我们拥有诸如同一性这样的概念,其构成部分——普遍性和特殊性——在理论上是相互关联的。

第三个层次比其他两个层次更难以描述和说明,因为它完全是抽象的。在此我们谈论的是只有通过抽象才能使其相互分离的那些关系。

例如我们可以看一下最重要的一个范畴——个体性——是如何从明显对立的,普遍性和特殊性的原则中确立起来的。

普遍 = 相似;特殊 = 不相似;个体性 = 相互关系中的独特性,"个体"即是一系列自我涵涉的关系、对比和差异。

一旦我们注意到这些术语的意义,就会明白黑格尔在其历史学、政治学和美学著作中使用"普遍"和"特殊"这些术语时的意思。我们发现,在他的全部作品中,黑格尔都将这些术语作为判断的涵项加以运用。

如同我们经过黑格尔《逻辑学》的各个阶段一样,我们就从知识一直依附着"表象"或形象化的层次提升到真理本身的王国。在"概念论"中,真理摆脱了"表象"的纠缠,它呈现自身为纯粹的思,或者说思考自身的思,真理本身——用黑格尔的话说——是"无形象的"。

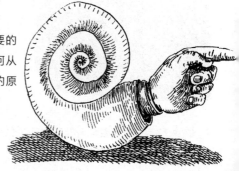

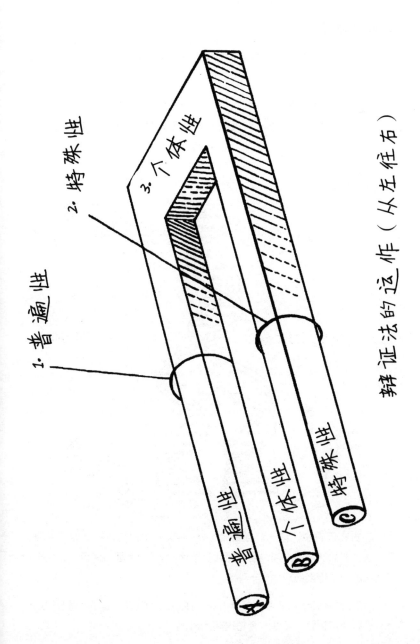

辩证法的运作（从左往右）

三合一结构

如果说否定是辩证法的内在动力,那三合一结构就是它有机的分形形式。

正题 ➡️	反题 ➡️	合题
一个得到确证的思想在反思中被证明是不完满的、不完全的或者说是矛盾的	这促使了对其否定性即反题的确证,而反题在反思中也被证明是不充足的	由此再次被否定

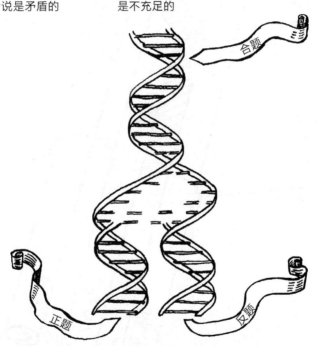

在古典逻辑中,这一双重否定("A ≠ 非 A")只是原初正题的恢复。可合题并非如此。它是通过对正题和反题诸阶段的"克服与保存"(或扬弃)而获得的一个更高的理性统一体。

(注:对黑格尔的三合一逻辑的这一阐述是简便的,但必须强调的是,他从没有使用正题、反题、合题这些术语。)

黑格尔辩证的三合一结构也是为了另一个逻辑目的。康德曾区分两种逻辑。

1. 知性的分析
逻辑，主要是运用感觉经验的材料来产生有关自然的现象世界的知识。
2. 知性的辩证逻辑，独立于感觉经验进行运作，且错误地想要获得先验世界（"物自身"，又称"无限"或"全体"）的知识。

黑格尔的观点完全不同。

1. 分析
知性只对自然科学和实际的日常生活充分有效，对哲学则不行。
2. 辩证理性不关心康德的"先验"，也不关心现实的抽象"杂多"，而只是关心作为总体性的现实，因此它能获得真知。

何谓知?

在黑格尔看来,知是一种作为,是一种行动。但知也是心灵的在场。黑格尔似乎持有把思视作自行在场的幻念,甚至是经验。思是存在对自身的在场,或是同自身的共在——是存在充分的自行拥有、自我认识。思是自我意识宏大的实现。

阅读黑格尔会给人一种感觉:思的运动与和谐的愿景是一致的,那一愿景就在整个过程的终点等着我们。每个严肃的读者都可见证到这些令人陶醉的时刻。

"绝对知识"具有完全的自我意识的形式,是精神的自我拥有,只在思的过程的终点才能获得。但在思的充盈的能量与这种和谐感及全体中的实现之间,是没法进行区分的。它根本上就是高高在上的普遍。就像黑格尔在《逻辑学》中指出的:一切都依赖于"同一性和非同一性的同一"。

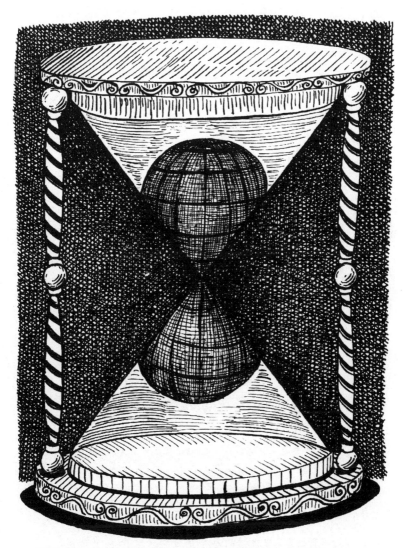

　　黑格尔:"在哲学中,最新时代的诞生是先于它的所有体系的结果,因而必定包含了它们的原则;从另一个方面说,如果它配得上哲学之名,那它就是所有体系中最完满、最综合、最充分的体系。"(《哲学全书导论:逻辑学》)

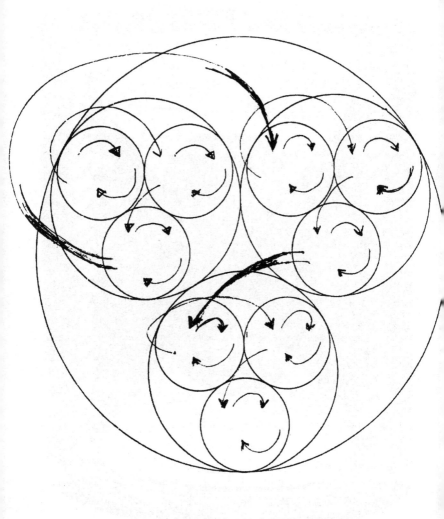

黑格尔:"哲学的每个部分都是一个哲学整体,其本身就是一个圆满的圆圈……在这一点上,哲学整体就像圆圈的圆圈。"(《哲学全书导论:逻辑学》)

"神的永恒的生活就是发现自身，意识到自身，与自身一致。在这一上升中，存在一种外化、一种分离，但精神的本质、理念的本质就是外化自身，以便再次发现自身。这一运动就是所谓的自由；甚至从外部来看，我们说人是自由的，不依赖于任何他人，不压迫任何他人，也不牵扯任何他人。通过回到自身，精神获得了它的自由——这一普遍运动就是精神形成的系列。不应把这个系列视作一条直线，而是应当看作回到自身的圆圈。这个圆圈又包含着众多圆圈……在发展中必定存在进步，不是朝向抽象的无限性，而是返回到自身。"

终于成功了!

《逻辑学》的出版使黑格尔立即得到承认。他收到来自柏林、海德堡和埃朗根的三所大学的哲学教席的聘书。柏林官方对黑格尔讲授其哲学的能力表达了怀疑,要求他表述得更清晰一些。

1816年,布雷斯劳大学历史教授弗里德里希·冯·洛美尔受柏林贸易文化教育部部长的请求,报告他拜访黑格尔的情景。

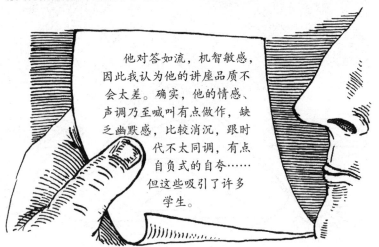

他对答如流,机智敏感,因此我认为他的讲座品质不会太差。确实,他的情感、声调乃至喊叫有点做作,缺乏幽默感,比较消沉,跟时代不太同调,有点自负式的自夸……但这些吸引了许多学生。

由于不确定,来自柏林的聘任实际上耽搁了一些日子。1816 年 7 月 30 日,黑格尔到海德堡任职。

柏林的部长请我自己判断,我有没有"能力作生动简洁的演讲"……太迟了,我已经接受海德堡的教授聘任。

四十六岁那年,黑格尔来到海德堡履任他的第一个全职学术职位。

按照规定，教授必须根据"汇编"即过去伟大的哲学著作摘要上课。十几年前，在耶拿任无俸讲师的时候，黑格尔就以"全书"的形式给学生讲授了哲学体系，现在，为了让他自己的哲学成为课程的基础，黑格尔为他的体系草就了一个高度浓缩的概要。

我作为一名大学教师设计的课程实际上包含了我自己的整个体系——尽管只是一个概要，所以我可以在十分短的时间里提供一个连贯的体系。

1817年，这个体系以《哲学全书概要》为题出版，黑格尔的哲学终于获得了一个极具宣传色彩的体系形式。

《概要》是黑格尔哲学体系唯一完整的、真正的阐述。但是，就像标题所显示的，它仅仅是一个为挣扎着理解的学生提供指南的概要，而不是自由飞行的沉思，因此我们必须跟着课堂的进度踟蹰慢行。那些简短而意义隽永的段落呈现了授课者黑格尔的主导精神，但必须把它们和接下来的讨论结合在一起来理解。

黑格尔的《概要》共有三个部分。

1.《逻辑学》(Logic)

《逻辑学全书》(Encyclopaedia Logic)，又称"小逻辑"，是黑格尔的巨制《逻辑学》——又称"大逻辑"——的浓缩版。一直以来，"全书版"比较早、较为详尽的"大逻辑"更受读者青睐。

2.《自然哲学》(Philosophy of Nature)

《自然哲学》在黑格尔的著作中鹤立鸡群，呈现了他对当时科学进展的广博知识，但他处理科学原理的方式非常独特。

3、《精神哲学》(Philosophy of Mind)

"全书"第三部分《精神哲学》处理的是人类独有的精神方面。

《精神哲学》有三个部分：主观精神、客观精神和绝对精神。

主观精神从肉身化的、具体的个人开始，接着在"情感和习惯""感知""理智""爱好"这些条目下讨论个体，然后是自我意识和理性，最后讨论了理论精神（包括直觉、想象和记忆）和实践精神。

客观精神讨论了法律、道德和社会伦理。题为"道德生活或社会伦理"的部分又分三个部分，处理家庭、市民社会和国家。对这些材料的扩展论述将在《法哲学》(Philosophy of Right)中继续。

绝对精神同样有三个部分，分别处理艺术、宗教和哲学。

被改革者召唤到柏林

1817年秋,普鲁士进行改革,成立了宗教、教育和医疗卫生部。第一任部长卡尔·西格蒙德·冯·阿尔腾斯特恩爵士是普鲁士最激进的改革家,是主张改革的首相卡尔·奥古斯特·冯·哈登堡亲王的盟友。履任刚刚两个月的时候,冯·阿尔腾斯特恩写信给黑格尔。

> 啊,他再次给我柏林大学的教授席位,这一次我答应了。

在柏林期间,黑格尔得到了冯·阿尔腾斯特恩的支持。黑格尔十分虔诚地效忠的普鲁士是冯·阿尔腾斯特恩和冯·哈登堡已经改革且仍在改革的普鲁士。但是,浪漫派神学家弗里德里希·施莱尔马赫(1768—1834)的反对阻碍了冯·阿尔腾斯特恩,他先前让黑格尔进入皇家科学院的许诺落空了。

黑格尔在柏林的公共角色

1821年,黑格尔被冯·阿尔腾斯特恩任命为勃兰登堡地区皇家科学院考试委员会成员,黑格尔仿照他的巴伐利亚朋友尼特哈默尔的做法积极推进人文主义教育。

1815年之后,黑格尔为之辩护的秩序,与他1801年曾激进地抨击的旧秩序不同。

我的观点在1805年至1815年这关键的十年没有改变,但德意志社会和政治生活的整个结构因为拿破仑战争引发的巨大动荡而发生了天翻地覆的变化。1815年以后我为之辩护的制度恰恰就是我在1802年渴望建立的制度。

拿破仑的没落

拿破仑统治的最后几年里,黑格尔一直支持法国。1813年德国民族起义抵制法国,主观的浪漫派直接反对黑格尔有关政治本质的观点。事实上,黑格尔在这次抵抗中反对的是德意志民族主义最初充满暴力的表达。

拿破仑的失败和退位对黑格尔是一次巨大的震动。

> 目睹一个伟大天才的自我毁灭,这简直就是奇观。这是有史以来最大的悲剧。

当拿破仑从厄尔巴岛返回的时候,黑格尔对他的东山再起已不抱希望。他知道一切都已经过去。不过,在一封信中他透露说,如果他对拿破仑的胜利还抱有一线希望,他就会"投笔从戎"加入他的行列。

黑格尔的政治态度

黑格尔政治态度的变化时常引起人们的误解。因此有必要仔细看一下。

黑格尔开始是一位激进主义者,想要运用一种新的、复兴的宗教去克服公共和政治生活的混乱。

我和荷尔德林有着共同的梦想,就是渴望成为世俗的僧侣,教授精神哲学,而不是做依循惯例的信徒,这个梦想是必须身体力行的。

当他最终在1818年接受柏林的召唤的时候,有两个人——冯·阿尔腾斯特恩和冯·哈登堡——在普鲁士十多年的"和平、自上而下的革命"中扮演了著名的进步的角色。

当他来到柏林的时候,改革的动力已经衰微。普鲁士容克阶级的"新右翼"开始寻求重建拿破仑时代之前享受的封建特权。他们在知识分子和学术界也有许多盟友。

许多人一开始是浪漫主义者和革命者,现在却鼓吹反动的、沙文主义的民族主义。

随着1816年学生运动的兴起,学生当中出现了一种新思潮。

从拿破仑战争中回来的年轻人改变了德国校园政治的本质。他们期待着修宪的承诺在已解放的各诸侯国得到尊重,但也引进了新的极端民族主义思潮。

民族主义和反犹主义

在《法哲学》的前言中,黑格尔攻击他以前的同事雅各布·弗里德里希·弗里斯(1773—1843),称他是"流行的浅薄之首"和"随心所欲的诡辩家"。

弗里斯因为加入了1817年由学生运动组织的抗议德意志联邦政策的瓦特堡群众集会而被禁止公开演讲。

我们烧了我们反对的作者写的小册子。

在小册子《论犹太人对德意志人民的福利和性格的危害》中,弗里斯攻击犹太人是"吸血鬼",呼吁压缩犹太教育机构。

弗里斯的充满暴力的反犹宣传,读起来就像是纳粹纽伦堡"种族法"的草稿。他起先是一位后康德主义的逻辑学家,最后成为种族沙文主义,甚至是暴力主义的拥护者。

反对道德主观主义

1819年,神学学生卡尔·路德维希·桑德杀害了保守的亲俄诗人奥古斯特·弗里德里希·科特泽布(学生们怀疑他是俄罗斯的代理人)。

柏林神学家、弗里斯直接情感哲学的追随者威廉·马丁·德·维特写了一封信安慰桑德的母亲,在信中,他说谋杀行为"意图纯洁"。在《法哲学》中,黑格尔证明说,这种道德主观主义是为所有罪行进行的脱罪辩护。

这种道德主观主义会导向对客观的或法典化的法律体系的憎恶,会导向道德相对主义。

1819年,学生运动的反犹主义在法兰克福演变为街头暴力。这些极端主义者的行为和意识形态是一百年后在德国兴起的极端民族主义的法西斯主义的先声。

黑格尔的演讲

从这个时候起,与他在柏林大学新的职位和公共角色相一致,黑格尔的哲学思考采取了演讲的形式。《法哲学》只是众多笔记中得到出版的一种而已。下面是最重要的几个演讲。

《历史哲学讲演录》

《美学讲演录》(艺术哲学)

《宗教哲学讲演录》

《哲学史讲演录》

自由和国家

"自由"和"国家"这两个概念在黑格尔有关政治、伦理和历史的论述中都居于核心地位,在他的所有著作中,再也没有哪两个概念比它们更复杂和争议更大的了。

按照黑格尔的观点,意志本质上是自由的。这使我们和动物区分开来:有目的并努力去实现它们。拥有意志意味着渴望获得自由,因此一定程度上就已经是自由的。但这只是一种理论抽象。自由的实现——自由变成现实——既是个人的也是社会的。

国家

黑格尔的政治观点源自古希腊。他的现代国家理论旨在恢复古希腊人对待共同体（城邦）的那种类似于宗教的义务感。

自由的演进

黑格尔承认,奴隶制与希腊民主制的社会构成是一体的。

希腊人只知道有些人是自由的。有一个洞见,我们归于基督教:所有的人都是自由的。但是这个洞见把整个基督教时代带到了一个点,在那里,自由对所有人实际上都是可能的。

自由必须体现在个体意识和意志中。但是随着现代时期向着个体化形式的发展,自由必须发展它的社会方面。一开始,它十分抽象地体现为(在康德伦理学中发展至顶峰的伦理体系所讲的那种)责任和个体倾向之间的对立。只有作为最终结果,自由才意识到自身拥有历史和社会维度。

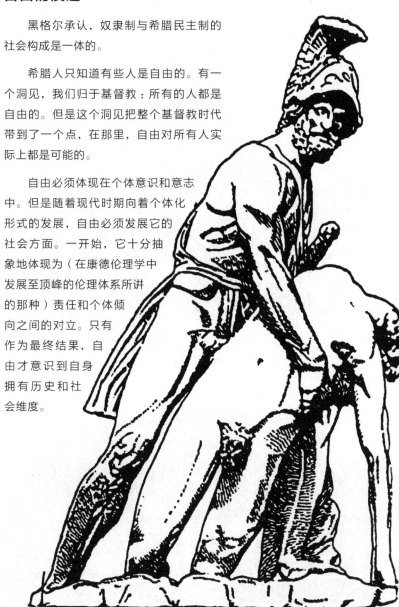

《法哲学》

不妨从考察黑格尔的现代的个人主义的观点开始,这种个人主义不是抽象的存在,而是表现在社会安排中。例如,《法哲学》(1821年)第一部分处理了**产权法**。

财产权不是自然的——就像约翰·洛克说的——而是建立在**惯例**基础上的。

"私有"财产是一种有赖于他人加以确认的社会或公共关系。尽管**所有权**关涉的是个体,但**财产权**却是个体和社会的联系。

社会伦理

第二部分"论**道德**"则把道德主体的权利和人的行为责任联系到了一起。第三部分"论**社会伦理**"涉及三个相互关联的领域：**家庭**、**市民社会**和**国家**。

家庭不仅（通过再生产）维系人类有机体的永久存在，而且是对人类的提升。

个体的社会化可以把生物的和心理的需求转变为个体的欲望。

由于多种多样的家庭并不能使自己持续存在下去，所以需要在社会的经济和市民生活中跟其他家庭打交道。

市民社会

市民社会涉及满足各种需要和需求的产品的生产、分配和消费。

这个需要系统是对自然冲动和需要的满足,但同时也是需要的模式化和多样化。

市民社会有自身的建制(司法部门、公共政府、公司)去调节和调整社会活动。黑格尔称市民社会的这些建制为"外部国家",因为它们仅仅是达到个人目的的手段。

卡尔·马克思（1818—1883）承认黑格尔《法哲学》这些论述的重要性。

黑格尔描画的国家跟他那个时代普鲁士国家的实际情况相去甚远，它更像是为 1819 年冯·哈登堡大臣起草的一个新宪法，但从来没有付诸实施。和冯·哈登堡一样，黑格尔赞同君主立宪制。

国家不是一件艺术品。反复无常、偶然、错误才是它在世的常态。对所有国家来说，世界史就相当于最后的审判。

黑格尔明确地指出，普鲁士，德国知识界的家园，必将是一个具有"目的伦理"的国家。虽然是斯瓦比亚人，虽然确信是普鲁士爱国者，但他从没有成为德国民族主义者。他问心无愧，没有任何形式的沙文主义，他始终如一，毕生都反对所有形式的保守主义。他为现状做辩护也是出于无奈，目的是反对新右翼的崛起。

"现实的即是合理的"

黑格尔强调哲学的作用不是去教导统治者或任何人"应当如何"。哲学的角色就是说明在每个特定情形下什么是合理的。哲学必须说明：

合理的即是现实的，现实的即是合理的。

一般的评论者因为这个说法对黑格尔大加指责。但黑格尔"体系"的本质说的是，没有其他观念是可行的。黑格尔的哲学是彻底反思性的，它的每一方面都是历史的——但在这一体系中所有的历史都是有所选择的（因而是"有删改的"）。

在生命的最后十多年里,黑格尔都在同因为自己不容置疑的逻辑而产生的无法解决的难题斗争。他做了许多丰富的阐发性的工作。但他的内心、他的生活没有封闭。他的体系把所有历史纳入一个永恒的意象。但他仍然必须生活下去,他知道他自己和别人一样都要汇入历史变幻莫测的长河。

虽然外表看似幸福而成功,但黑格尔承认他从未摆脱焦虑和怀疑。

哲学是孤独者的志业;它不属于街道和市场,不过它也不是与世无关。

历史哲学

黑格尔声称历史——以及历史上所有偶然的和无法预知的事件——有自身的逻辑,并可以揭示某个理念。在黑格尔看来,那个理念就是**自由**。

1822—1823 年、1830—1831 年,黑格尔作了两期历史哲学的讲演。在导言中他解释了指导其研究的原则:精神展开的诸阶段,自由展开的诸阶段,精神和自然的对立(或精神作为自然的反面)。

在精神朝向自由的展开中,这种进步也是主体从自然获得解放的进步。

《历史哲学》

世界史

世界史（或者通史）由世界历史上的各民族的流变所构成，这些民族在历史场景中相继扮演了各自的角色。

世界史始于**东方世界**（中国、印度和波斯）。

接着它展开为古希腊文明和罗马文明的对峙。

"日耳曼世界"

黑格尔的下一个阶段是"**日耳曼世界**",涵盖了从基督教诞生到他所处时代的全部西欧。

我指的是日耳曼世界,因为北欧的新教时代比天主教欧洲的罗曼人更为接近实现欧洲理想。

在"日耳曼世界"的标题下,黑格尔对欧洲历史的道路从封建主义和教会时代一直追溯到宗教改革,然后是启蒙运动和法国大革命。

"自由"的世界史则用三个小阶段加以处理。

第一阶段：古代东方，只有一个人（统治者）是自由的。

第二阶段：古典古代，只有部分人（但不包括奴隶）是自由的。

第三阶段：基督教—日耳曼时代，开始于认识到所有的人都是自由的，或者如黑格尔指出的，"人之为人就是自由"。

东方人知道且认识到只有**一个人**是自由的，希腊人和罗马人知道且认识到只有**部分人**是自由的，而日耳曼世界知道且认识到**所有的人**都是自由的。

然后经过一个漫长的过程，历史抵达法国革命，自由成为现实的前提。

自由没有未来吗?

黑格尔哲学论述"自由"的地方如此之多,因而需要考察一下他的辩证概念内在的某些困难。

对我们现代人而言,"自由"通常与一个开放的可能性和无法预言的领域有关。"自由"意味着一个没有任何先行结论的未来。

但是我的哲学体系并没有设想未来。

就像自然界的"偶然性","未来"还是一个单纯的范畴,只能简单界定为哲学反思的给定形式(或揭示形式)的活动所无法抵达的东西。"过去是由作为现实的现在保存的,但未来是它的对立面,或者确切地说,它是无形式的……没有形式,不管在未来有什么东西可以识别。"

"如果日耳曼尼亚的森林一直都存在,法国革命也许就不会出现……美国因而是未来的大陆,在那里,在未来的时代,也许在北美洲和南美洲之间的一次战斗中,世界史的意义将会被揭示出来……预言并非哲学家的事务。随着历史的前行,我们必须面对曾经的和当下的一切——另一方面在哲学中,我们必须处理的不只是曾经的一切,也不只是将来的一切,而且还有现在的一切,或者说永恒:必须处理理性,以及我们必须去处理的一切。"

自然哲学

在**《自然哲学》**（1817年）的卷首语中，黑格尔直面一个事实：自然**哲学**的观念不再时髦。甚至还不及今天时髦。导致的结果是，黑格尔的"自然哲学"常常令人窘迫地受到忽视，甚至受到最热情的评论者的冷落。

19世纪末、20世纪初，对于自然有大量的哲学讨论。

电是一个新的、令人畏惧的发现，许多人认为它有着宇宙论的意义。谢林的"自然哲学"就对正负极的对立有大量论述。

令人不满的科学

黑格尔承认自然科学的进步已经不需要哲学的帮助,他希望人们不要把哲学的律令同"科学程序"混为一谈。恰恰是"这种冒充的内行"——"尤其是谢林"——使得自然哲学声名扫地。

何为自然?自然对我们就是一个谜,是我们需要面对的一个难题。对这个难题的解决于我们既是一种吸引,也是一个压力:之所以吸引我们,是因为精神在自然中被赋予了特权;之所以是压力,因为自然似乎是一个异己的存在,在那里,精神无法发现自身。这也是为什么亚里士多德会说哲学始于惊奇。

科学研究始自事实的收集和对自然规律的寻找,然后"陷入各方面无穷无尽的细节,而恰恰因为无法设想终点在哪里,让这一方法难以令人满意"。

科学是不完全的认知

科学可以提升我们对自然的多样性的认识。但黑格尔要求认识的是自然的**理念**。自然必须适应理性揭示的万物的图式。

黑格尔接受康德的区分并加以发展,认为知性虽然是思维的必要阶段,却不如理性富于哲学意味。

依照知性去思考,例如数学、自然科学和传统形而上学所做的那样,就是依照固定的或未加批判的范畴去思考,就是一种非辩证的思考,或者说前哲学的思考。

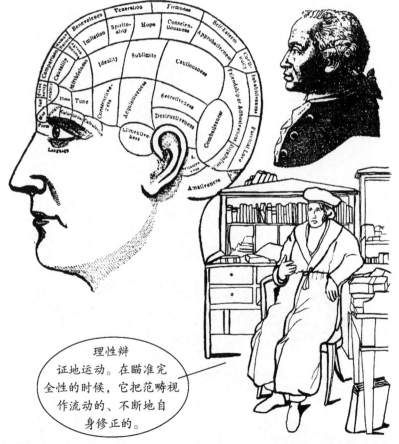

理性辩证地运动。在瞄准完全性的时候,它把范畴视作流动的、不断地自身修正的。

作为理念的自然

但是自然哲学是黑格尔整个体系的一个本质部分。作为一种理念,自然构成了黑格尔版本的堕落和上升(缓慢的逻辑过程)的一部分。如果说逻辑就是堕落之前的理念本身,那么自然就是**"理念的自我堕落"**,由此理念成为外在于自身的东西。黑格尔依照神学术语来解释自然的角色,他甚至提到德国神秘主义者雅各比·波墨。

自然没有历史,无法显示发展,其严格的、无时间的规律必须被遵守,而且外在于主体。但黑格尔必须说明自由以及历史何以可能。

从必然性到自由的这一转变不是简单的转换,而是历经许多阶段的进步,对这一过程的阐述就构成了自然哲学。

艺术哲学

黑格尔的《美学讲演录》涵盖了全部艺术史及其在人类文化发展过程中的核心作用。艺术、宗教和哲学是人类达到的最高成果，约相当于神或绝对精神的自我启示。

黑格尔对美的解释是对席勒《审美教育书简》（1795年）的观点的修正。

> 美是可感（或感觉）与理性（或理智）的中介，我把美界定为"理念的感性显现"说的是真正的美，对它的体现贯穿于艺术的整个历史。

在黑格尔看来，艺术美揭示了绝对真理，但要通过**感觉**和**知觉**。最美的艺术揭示了无条件的真。

艺术与宗教和哲学的关系

黑格尔认为艺术可以传达最深刻的形而上或哲学洞识，艺术与宗教和哲学有着最紧密的联系。艺术的媒介是**感觉**，宗教的媒介是**精神想象**（或者神性事物的内在图像）。哲学的王国是**无形象的纯粹概念**。这与柏拉图向着理念的纯粹认知的上升之路是平行的。

艺术和宗教之所以紧密联系，是因为两者都以感觉为基础。两者在理解神圣的时候都依赖于"图像思维"。

但是艺术有其特殊任务，就是在人类王国内部显现神性的本质。

象征型艺术、古典型艺术和浪漫型艺术

这使得黑格尔把宗教和艺术的历史联系在一起。某些神性的概念更适合以艺术的方式表达,由此黑格尔把艺术分为三大类:**象征型**、**古典型**和**浪漫型**。

早期自然宗教不是以人的方式而是以自然力量或一般生命的方式看待神性。它们的神性概念太过含混和不确定,难以感性地体现为美的艺术。

由这种宗教所产生的艺术就是所谓的"象征型艺术"(用动物等作为象征),这种艺术只能间接地或近似地表达它的主题(神性)。

古典型艺术或希腊艺术

希腊(古典)艺术以人为神性的尺度。这是黑格尔的艺术思考的核心。希腊或古典雕刻达到了艺术美的至境,因为它拥抱**整个人类**。

文明史、宗教史和哲学史随着它们在东方的肇始到它们在现代(亦即黑格尔的时代)达至顶峰,其自身也得到提升和进步。反之,艺术是在希腊达到顶峰。现代时期被认为是艺术的衰落期。

只有在古希腊,艺术传达的信息(或内容)和媒介(或形式)是一致的。在古希腊雕刻中,黑格尔看到了艺术的本质信息在具体的感性形式中的充分表达。

浪漫型艺术

黑格尔把希腊以降的所有艺术都视作"浪漫型艺术",包括中世纪的基督教艺术(实际上,开始于更早的罗马斯多葛主义)。这种艺术更为个人化,更加内向、理想化和非经验。关于人的观念集中于远离肉体的无形之物,它被理想化为不朽的灵魂(或者内在性)。这驱使浪漫主义时期的艺术走向更深层的人类主观性。

基督教和浪漫型艺术不再能充分地表达其信息,因为它对于感性媒介而言太过深奥复杂。

五个门类的艺术

黑格尔接受常规的五个门类的艺术的划分：建筑、雕刻、绘画、音乐和诗歌。每一特殊的艺术领域在艺术史的某一特殊时期都有其特征或占据主导地位。建筑是象征型艺术的主导门类，雕刻是古典型艺术的主导门类，绘画、音乐和诗歌则属于现代时期或浪漫型艺术。

艺术开始于精神对物质的胜利。

建筑的任务就是把无机的自然转变成和精神相结合的形状——一种具有艺术价值的"外部世界"。

绘画中的理念

艺术作品的美与其组织或统一的程度相对应。艺术品中没有要素是任意的、无计划的、偶然的或非理性的。黑格尔时常把完美归于给定主题得到理想化体现的艺术品。"……艺术家必须忽视头发、毛孔、细微的疤痕、污渍等,去把握和表现主体的普遍特征和持久个体性。艺术家是仅仅再现一个人的面相特征,比如在其表面和外部轮廓上来如实呈现,还是富有洞察力地再现能表达主体之心灵的真正特征,这中间有着巨大的差异。"

因为理念无有例外地必定要求外部形式和心灵相吻合。

诗歌：最高级的艺术

诗歌被视为最具意味的艺术，就因为它的媒介（语言）和观念或内容之间保持着最超然的关系。黑格尔把这一判断建立在声音和意义之间只有任意的或纯属习惯的关系的基础之上。"dog""hund""chien""cane""perro"，所有这些表达的是同一个东西，各个词之间可以相互替换或互译。因而语言显得仅仅是表达思想的工具而不是思想的构成物。

诗歌的语音形式仅仅是透明的皮肤，通过它，我们可以领会它与众不同的思想本质。

随着我们从建筑前进到雕刻、绘画、音乐和诗歌，感觉媒介越来越不显著——直至诗歌中，媒介成了纯属不重要的惯例。诗歌渴望成为哲学。

比艺术更高一级的哲学

哲学比艺术和宗教更高一级，后两者仍附着于"图像思维"。

要记住，黑格尔《逻辑学》的前两个部分（"存在论"和"本质论"）仍与"表象"或**形象**化（image-ination）联系着，而在最后一个部分（"概念论"）中，我们开始进入纯思或全体概念的王国。真理本身——按黑格尔的说法——是"无形象的"。

因此，宗教和艺术注定要被哲学所超越，后者可以免除感性而用纯概念进行思维。

艺术在其最后的阶段也超越自身而朝向更高的、更哲学化的文化表达形式。

中世纪的时候，宗教和哲学是独立于艺术的。基督教的上帝和基督教的人的内在深度在艺术中无法得到充分的表现。艺术失去了其在古典时代展现的那种内在和谐，因为它所关联的意义，艺术本身无法充分地表达。艺术成为**寓言**。

艺术渐渐转向抽象，并面对着自我反思性的反讽的难题。

反讽的难题

在这一完全基督教的浪漫主义时期,抽象的反思侵入艺术,变得更少感性、更多理论了。黑格尔责难这一发展,因为它意味着对明确的或确定的想象的偏离。艺术屈从于反讽,让渡给无尽的反思:反思社会、哲学、宗教和艺术类型;反思评判艺术的标准;反思评判标准的标准。

脱离了时间和空间的孤立的自我在想象中自由地翱翔,且一味沉溺于其他时代和场景。

反讽家们试图调和明显不可调和的观点——这听起来十分像黑格尔自己的进程。

在黑格尔自己所处的时代,早期德国浪漫派——弗里德里希·施莱格尔(1772—1829)和诺瓦利斯(1772—1801)——已经提出一种以**浪漫主义的反讽**概念为核心的艺术哲学。他们主要从费希特那里汲取灵感,赞赏艺术作品的反思性质。

艺术的终结

在历史发展过程中，历史掏空自身进入体系。体系化的冲动最终以复杂的逻辑结构阐发自身而告终。**过程成为产物**。正是在这个意义上，我们可以理解黑格尔所说的"艺术的终结"。

艺术似乎耗尽了它所有有价值的可能性。除了生产旧主题的变体，它已经一无所为。

一百五十年后，黑格尔的断言被后现代主义的艺术家和理论家所确证，他们坦陈他们的艺术只是一种"耗尽的艺术"。

这意味着反思性的反讽问题只能**在哲学内部,由**哲学来解决。

这就是黑格尔为提供给我们的"艺术哲学"给出的论证。艺术哲学的一个任务就是超越艺术自身——搜寻艺术形式的多样性并把它们整合为一个连贯体系。

但"体系"也意味着完成和"终结"。后现代主义承认艺术处在一种奇怪的"来生"的状态,一种黑格尔的历史逻辑所预言的困境。马克思以及我们时代的福山则被历史的"终结"(目的和终结)所吸引。

宗教哲学

黑格尔对宗教的思考在学生时代就开始了,那时他梦想着一种新的"人民宗教"。到思想成熟时期,宗教作为理解和表达绝对精神的一种方式,仍在他的哲学中占据着重要的位置。

宗教能够超越艺术,就因为它实际上是对绝对精神的**思考**,而艺术仅仅是以形象来表达绝对精神。

但是黑格尔明确地说:哲学将超越艺术和宗教,因为哲学是以纯粹的反思性概念来表达绝对精神,因而是所有其他表达形式的集大成。

不过，黑格尔在他的主要著作中常常运用宗教形象，尤其是基督教三位一体的形象来说明理念和绝对精神的范式。基督教神学把上帝"描画"为三位一体，认为他的生命是**三位一体的过程**，跟黑格尔自己的辩证扬弃过程十分相似。

上帝（真理）设定他者：他生殖圣子，并在圣子身上确认自身，圣灵则是这一关系的中介。

神秘的图形

这个图形是黑格尔从同时代神秘主义作家弗朗茨·冯·巴德尔（1765—1841）那里借来的，后者试图用它赋予17世纪格尔利茨制鞋匠雅各比·波墨的神秘主义观念一个几何学的表达。我们只要把三个小三角形移到大三角形里就能得到这个图。

黑格尔用这种图形做实验，但它们太过静态，而他的哲学是动态的，要求一种"无形象的真理"的理念。

黑格尔的思维具有神秘主义的形式——理性的神秘主义。黑格尔承认其灵感就来自神秘主义。

"反思性的真理跟宗教经验和教义有着特殊联系,完全可以称之为神秘主义。"

但重要的是,黑格尔的神秘主义是一种没有神秘的神秘主义。大多数神秘主义都以静思默想作为终极,而黑格尔坚持言说一切。他接受的是《约翰福音》神秘的卷首语"太初有道",并把"道"阐释为"理念本身"。

宗教历史三阶段

黑格尔对宗教的论述跟他对艺术史和哲学的论述平行一致。各个不同的宗教是"**一**"的世界史的构成部分。

宗教意识有三个主要的时刻或阶段。上帝即"全体",是无限的、无区分的,跟形形色色的异教和泛神论相关联。

在第二个阶段,我把自己和上帝区分开来,有限和无限不再统一在一起。我将上帝视作"外在"的意识跟我将自己视作罪人而与他相分离或疏离的意识是一致的。第三个阶段是个体性的阶段——是特殊向全体、有限向无限的返回。分离和异化被克服。这种宗教作为抽象理念而存在。

宗教的政治

1821—1831年间，黑格尔作了四次宗教的讲座，意在引起争论和挑战浪漫主义神学家弗里德里希·施莱尔马赫。

"宗教的本质是绝对依赖感。我拒绝理性之思而支持情感神学。"

——施莱尔马赫

"如果人类宗教只是建立在情感的基础上，而后者又只是依赖感，那狗就是最合格的基督徒……甚至狗还有'奴化'的情感，只要有一根骨头满足它的饥饿感。"

—— H.F.W. 亨利希（1794—1861）为黑格尔的《论与科学有着内在联系的宗教》（1822年）所写的"前言"，亨利希可能是第一个讲授黑格尔体系的人。

到 1821 年，新教徒反动的宗教与政治的结盟正在形成，其中心形象就是王储，即普鲁士未来的国王弗雷德里克·威廉四世，他也深受卡巴拉（犹太）神秘主义教派玫瑰十字会的影响。

黑格尔对朋友尼特哈默尔坦陈他的影响局限于学术圈，属于"思想学派"的发展。

作为一名教授，我刚刚才开始，还有更多的东西有待我去完成，那是我的事业。

受德国思想家想要围绕情感和幻想来建构哲学的潮流的刺激，黑格尔将反思性的哲学作为教授学生如何思考的方法。

1821年，国王敕令指示文化教育部部长冯·阿尔腾斯特恩禁止柏林大学讲授"反思性哲学"（说的就是黑格尔的思想），阿尔腾斯特恩拒绝了。新虔敬派保守主义的许多代言人继续指控黑格尔的"泛逻辑主义"。

泛逻辑主义，换句话说，就是无神论！

我已经解释和坦陈路德的教诲是真实的，是哲学承认为真的。

黑格尔真诚地相信他对路德纲领的合法发展。天主教以福音书为权威的观念与黑格尔的哲学水火不容，路德确立的"内心自由"却与之心心相印。

1830年英国改革法案

黑格尔发表的最后作品是一篇长长的论英国改革法案的论文,1831年发表在官方的《普鲁士政府新闻报》上。这个最后陈词受到普鲁士检查机关的禁止,所以只在私人圈子流行。黑格尔对改革法案提出质疑,但他的观点并不是为现状辩护。他对英国的社会状况提出尖锐的批评。

黑格尔认为选举制度的改革并不能解决英国的社会问题。

整个英国法律是建立在"英国的实在论原则"基础上的——其条款的合法性仰赖于程序和延续性。对这一英国原则而言,改革法案"令人震撼的东西"就是它第一次真正想要让英国的政治和法律制度跟理性达成一致。但是在法案的不充分性的背后,黑格尔看到了新中产阶级的自私自利,他们主张改革不过是为了自己去掌握权力。

终局

黑格尔的最后岁月深受病痛之苦。1830年7月,巴黎发生政变。不安(黑格尔称之为"狂欢节")笼罩着比利时、波兰和普鲁士相邻地区。仅仅在黑格尔的后半生,欧洲才摆脱了战争,而现在,他确信,"在这场危机中,以前认为坚固的一切都受到质疑"。

临近生命的尽头,黑格尔作了有关世界史的最后演讲,这是他的告别演说。

"致力于解决这种冲突、这种死结、这种难题,就是未来历史的任务。"

1831年11月13日,黑格尔于病中安详地离世。应他的请求,他被葬在费希特旁边。

黑格尔主义的衰落

在黑格尔抵达柏林的那几年,他的学生和追随者成立了一个有组织的学术学派。他们创立了一个"科学批判学会",出版自己的学术刊物(通过努力还获得了国家资助)。

除了在柏林,黑格尔主义是一个少数派——甚至是学院派当中。由于新康德主义以及浪漫主义对哲学的影响,神学和法学在其他大学居于主导地位。

黑格尔死后,他的哲学的影响进一步衰退,但仍有少量忠贞不渝的拥护者。

黑格尔"左派""右派"和"中间派"

黑格尔的追随者,"青年黑格尔派",因为神学问题不久便分裂为"左派""右派"和"中间派"。

黑格尔"右派"捍卫传统基督教,同时吸收了黑格尔体系的一小部分。

黑格尔"中间派"力图用黑格尔的术语重新解释宗教教义,从而赋予后者一种新的、更科学的语言。

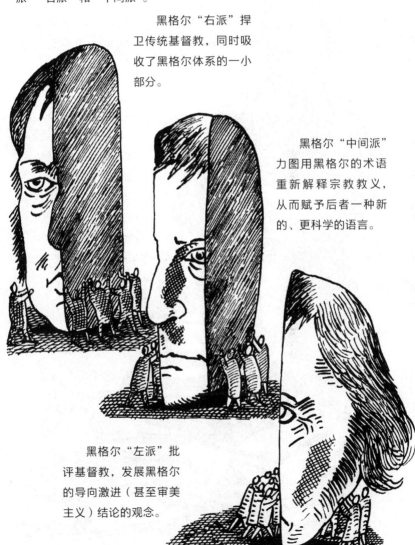

黑格尔"左派"批评基督教,发展黑格尔的导向激进(甚至审美主义)结论的观念。

青年黑格尔左派

黑格尔"左派"不仅在神学上,而且在社会和政治问题上也十分激进。摩西·赫斯(1812—1875)在《欧洲的三头政治》(1841年)一书中明确地运用黑格尔的观念来支持共产主义的工人运动。

1843—1846年,黑格尔"左派"运动的所有重要的思想家和刊物出版人都卷入了分裂性的相互批评,互相指控以前的同志仍沉迷于"本质论"语言的"神学"幻觉之中。

费尔巴哈的《基督教的本质》

黑格尔"左派"的另一个重要人物路德维希·费尔巴哈（1804—1872）想把黑格尔的理论转变成实践。早在 1828 年，他就写信给黑格尔，说他想"让理念现实化和世俗化"。

> 基督教阻碍人性在绝对中实现自身。新的时代即将降临，基督教的价值将从人类意识中消除，人将把自己想象为自然的存在。

> 废话！我是一个路德派，不愿看到对路德派的解释，就像丝绸文化、樱桃、天花这类东西那样产生和扩散。

路德维希·费尔巴哈

费尔巴哈的《基督教的本质》（1841 年）试图超越黑格尔的形而上学，把人类置于绝对精神的神圣位置上。

《德意志意识形态》

黑格尔"左派"享有同一个议题：把现实理解为有限的存在，把理性理解为人类行动的产物。他们的目标是最终摆脱基督教文化的幻觉，以及黑格尔的体系中将文化变成形而上学的做法。

1845—1846年，马克思和恩格斯合作发表著作《德意志意识形态》。

在此我们开始发展我们的历史观，即后来的"**历史唯物主义**"。

我们讽刺青年黑格尔派和他们对黑格尔的简单"颠倒"。

1845年，马克思还在《关于费尔巴哈的提纲》著名的结束语中写道："哲学家只是用各种方式解释世界，而重要的是改造世界。"

"我很愿意用两三个印张把黑格尔所发现、但同时又加以神秘化的方法中所存在的合理的东西阐述一遍，使一般人都能够理解。"

——马克思

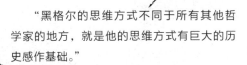

"黑格尔的思维方式不同于所有其他哲学家的地方，就是他的思维方式有巨大的历史感作基础。"

——恩格斯

"如果对黑格尔的全部的逻辑学没有通读和理解，完全理解马克思的《资本论》是不可能的，尤其是其第一章。因此，半个世纪以来的马克思主义者没有一个人理解马克思！"

——列宁

理性的终结

马克思对黑格尔方法的**合理性**的强调在 19 世纪下半叶的重要思想家当中是非同寻常的。问题在于,黑格尔甚至成功地说服他的批评者相信,他的体系把以前的所有观点都吸纳成为其自身的附属部分。因此黑格尔的问题就成为哲学合理性本身的幸存问题。

黑格尔死后,19 世纪余下的岁月属于质疑哲学沉思本身的作用并力图替换它的那些人,**实证主义**和**存在主义**就是由此发展出来的两种后果。

奥古斯特·孔德(1798—1857)为依赖经验证据的实证科学(实证主义)时代的到来摇旗呐喊。

这将最终终结形而上学。

我是第一个表达存在主义的焦虑概念和信仰的非理性跳跃的人。

索伦·克尔恺郭尔(1813—1855)宣称理性破产了。

存在主义的起源

1841年,谢林应邀到了柏林。按普鲁士新上任的文化部长的说法,谢林的任务就是从普鲁士年轻人的心中"铲除黑格尔主义泛神论的毒种"。谢林在他的第一次演讲中强调,驳斥黑格尔的任务已经由"生活"完成了。

谢林自己的神秘主义观念无法赢得太多皈依者,聆听他讲座的人寥寥无几。

> 但是我的黑格尔批评引起了共鸣。

谢林指出，黑格尔的整个体系是建立在混淆"本质"与"存在"的基础上的。因此回到存在哲学是必要的。

克尔恺郭尔是听众之一。另外还有俄罗斯无政府主义者米哈伊尔·巴枯宁（1814—1876）和年轻的弗里德里希·恩格斯（1820—1895）。

克尔恺郭尔指责现代哲学——主要指黑格尔哲学——是建立在一个可笑的前设上的。

> 因为一种世界史的粗心大意而使其遗忘了它所说的其实就是人。

黑格尔的反思性世界史没有未来，这让克尔恺郭尔认识到它同样是非人的。

"有可能生命只能回溯性地得到理解，但活着就必须向前看。"

尼采

萨特

胡塞尔

存在主义开始于克尔恺郭尔的人的荒谬感，后来通过尼采、精神分析学、埃德蒙德·胡塞尔的现象学，发展成为马丁·海德格尔和让-保罗·萨特的"存在主义"。

黑格尔仍然重要吗?

不提及黑格尔,照样可以写出一部20世纪的学术史。其精神主导了20世纪的19世纪思想家有马克思、克尔恺郭尔和尼采。20世纪初,西格蒙德·弗洛伊德阐述了无意识,**费迪南德·德·索绪尔**阐明了语言的结构。与此同时,科学也取得了巨大的进步,科学哲学家之间绵延不绝的争论多多少少未引起注意。

有可能黑格尔已经不在考虑之列。

弗洛伊德

索绪尔

完全可能,但这并不明智。

走向后现代困局

著名的现象学家莫里斯·梅洛-庞蒂（1908—1961）为黑格尔在 20 世纪的遭遇提供了说明。

"19 世纪所有伟大的哲学思想——如马克思和尼采的哲学、现象学、德国存在主义和精神分析学——在黑格尔那里都已显露端倪……文化领域最紧迫的任务莫过于重建不知感恩，反而试图遗忘其黑格尔源头的学说以及与其源头本身之间的联系。"

就连想要反对或"解构"黑格尔的影响的雅克·德里达（1930—2004）这样的哲学家也承认黑格尔的重要性。

"黑格尔主义只是夸大了历史的主导作用，最终却畅通无阻地打开了它无所不包的宝库。"

还有米歇尔·福柯（1926—1984）——在法兰西学院的就职演讲中（1970年），他说：

"不论是通过逻辑学或认识论，还是通过马克思或尼采，我们整个时代都在为摆脱黑格尔而努力。"

而后现代哲学家理查德·罗蒂（1931—2007）也说：

"哲学家注定会发现黑格尔就耐心地等在我们旅途的尽头。"

重新发现黑格尔和马克思

1906 年，**威廉·狄尔泰**出版了一本有关青年黑格尔的专著。1907 年，**赫尔曼·诺尔**主编的**《黑格尔早期神学著作集》**出版。一个新的、激进的、"未完成的"黑格尔主义已经浮出水面。

马克思的早期著作——尤其是**《1844 年经济学—哲学手稿》**——在 1920 年代的出版，揭示了马克思自己的激进哲学是如何通过对黑格尔的阅读发展出来的。

今天我们发现，青年马克思——他无法接触青年黑格尔的著作——是对许多相同的根基的返回。青年马克思和青年黑格尔在精神上息息相通。

20世纪初期,许多马克思主义的知识分子认识到,马克思对历史的系统论述需要重新考察。他们关注的东西因为1914—1918年的战争大动荡、前资本主义的俄国共产主义革命的成功,以及在发达国家如德国相似的革命尝试的失败而更加凸显。匈牙利革命知识分子乔治·卢卡奇(1885—1971)是其中的开路先锋。

卢卡奇的《历史与阶级意识》影响了整整一代的"黑格尔主义的马克思主义者",如恩斯特·布洛赫、赫伯特·马尔库塞、特奥多·W. 阿多诺和马克斯·霍克海默。

阿多诺

马尔库塞

卢卡奇

布洛赫

我更新了马克思主义哲学,把它和黑格尔展开得更为充分的观念结合在一起。

最后这三个人是马克思主义的法兰克福学派(创建于1923年)最有影响力的人物。

批判理论

阿多诺

本雅明

马尔库塞

法兰克福学派的成员——阿多诺、马尔库塞和瓦尔特·本雅明——对艺术、音乐和文学这些人类经验的"审美维度"都十分关注。1930年代,这种"审美的"马克思主义被称为"批判理论",它们认可社会研究的某些原则。

与社会科学中的实证主义相反;与教条主义的、粗暴的唯物主义的斯大林主义相反:只有持久的自我批判的理论研究能够避免思想瘫痪。

批判理论代表一种"否定的"自由主义,以取代苏联和美国为首的大国主义,尤其是1945年以后"冷战"的僵持时代。到1960年代,它又影响了新左派激进主义。

否定的辩证法

在阿多诺（1903—1969）的批判理论中，几乎黑格尔思想的每个方面都被重新考察，然后被吸纳。其结果便是他重要的作品《否定的辩证法》。但阿多诺在反思大屠杀和斯大林主义的经验时，对"恶的总体性"进行了批判。

当世界获得了系统的总体性，理性本身就像疯了一样。

解构

雅克·德里达自己的计划——虽然他不是马克思主义者——也是一种否定的辩证法,这得益于黑格尔作为第一位"解构主义者"。

我的作品是对自柏拉图以来思维本身编织的网络的辩证松动——或解构。

批判理论的"后现代"形式仍在使用黑格尔的方法,但承认现实的剩余总是会逃脱总体的理论化。当代后黑格尔主义的辩证法所谈论的总体化,或是被视为"恶"(极权主义),或是全盘"崩溃"(宏大叙事的终结)。

亚历山大·科耶夫（1900—1968），俄罗斯移民，主持一个读书会，想要对黑格尔著作进行马克思主义的存在主义的阅读。1933年至1939年，科耶夫在巴黎高等实验学校一直在作有关黑格尔的重要演讲（但到战后的1947年才得以出版）。

很有可能，世界的未来，以及现在的认识和过去的意义，在最后的分析中都有赖于对黑格尔著作的当代阐释。

科耶夫几乎只集中关注黑格尔《精神现象学》中的心智的戏剧，尤其是用"主奴"辩证法描述的生死之战。

欧洲知识界的许多名流都定期出席科耶夫的课程——**雷蒙·阿隆、乔治·巴塔耶、雅克·拉康、莫里斯·梅洛-庞蒂**,以及超现实主义的高级祭司**安德烈·布雷东**——虽然不是很频繁。

> 我们超现实主义者承认黑格尔是我们疯狂同人中的一员,愿意探究最深层的非理性,为的是获得新的、扩展性的和更高形式的理性。

还有乔治·巴塔耶:

> 我更亲近尼采而不是黑格尔,但主奴寓言是重要的,因为它揭示了权力关系和承认之战的同谋。

吸引巴塔耶的东西也启示了同时代的女性主义哲学家,如达鲁西拉·科内尔,她称自己是黑格尔"左派"。

历史永远是正确的

有关未来的讨论在黑格尔那里是缺席的,这是下一代的"青年黑格尔派"难以接受的。黑格尔的回溯性的**历史主义**必须被置换为历史的**未来主义**。

危险的是黑格尔的逻辑学可能会被错误地用来证明历史中发生的事。

黑格尔认为,他已经在精神通过世界史的展开中揭示了理性的规则。但这会引出不幸的结论,即凡是成功的就是"正确的"和高于未成功的。但凡从历史记忆中消失的——因为遭到破坏或者没有取得成功——在黑格尔看来,就是"没有存在的理由"。

和黑格尔一样,查尔斯·达尔文(1809—1882)也是从经验上已经成功的东西开始,然后往回去证明其现象假定的必然性。然而,在达尔文那里,不再有自然的合乎理性的辩证法,而只有"自然选择"原则。黑格尔和达尔文都被误用于支持"适者生存"的信念。

按照这种"达尔文主义的黑格尔主义"的看法,世界史将呈现为十分丑陋的奇特景观,纳粹的胜利庆典就是它最奇特的剪影。

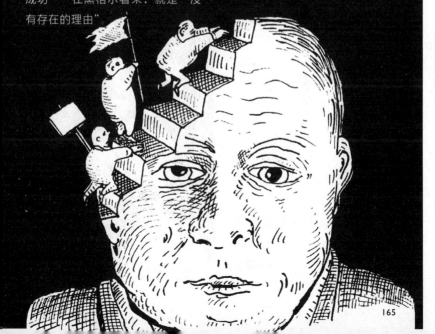

福山的"历史的终结"

对历史"正确"的证明不仅来自黑格尔主义的"右派"和"左派",也来自"中间派"和"自由派"。**弗朗西斯·福山在《历史的终结和末人》**(1992年)一书中就依据中间派—自由派的黑格尔主义来评判1989年苏联的解体。

福山(1952—)在巴黎随雅克·德里达学习,然后在遥远的美国政府机关任职。

在福山看来,如同1789年以后的黑格尔一样,历史正在走向终结,因为它已经达到其**逻辑**的终点。

按照**自由民主制**和**市场经济**——亦即在政治和经济领域——的双重原则,**自由**和**承认**之战原则上已经取得胜利。

福山为自由主义的自由事业的世界胜利找到的案例,似乎是对美国的资本帝国主义过度乐观的辩护。他的著作出版以来,福山解释说,他实际上是十分悲观的,他试图用他的阐释包含的黑格尔主义逻辑来教育公众。

我所主张的自由民主制现在是唯一还在发挥作用的**普遍的**意识形态。

在此,深奥又至关紧要的政治问题已经因为福山的肤浅论述而变得不可信了。历史上第一次,所有形式的普遍主义不再可信或处在防御状态。问题仍是"自私自利"的特殊主义和"选择自由"的国家主义,以及宗教原教旨主义("恶的无限性")。新资本主义的原教旨主义声称已经把人性的一切诉求及更宏大的理想扫进了历史的垃圾堆。

结语

今天我们从理解黑格尔中可以获得什么？到目前为止，答案是明显的。在过去的一百五十年里，哲学领域从马克思到德里达及后现代主义的几乎每一个重要发展，都可看作直面黑格尔体系挑战的结果。黑格尔的影响不是单单局限于哲学领域——它在政治观念和全球政治领域也产生了戏剧性的后果。

总之，如果不承认黑格尔作为源头性的出发点，就无法知道我们现在在哪里。

"关于教导世界应该怎样……无论如何哲学总是姗姗来迟。哲学作为有关世界之思,要直到现实结束其形成过程、完成自身,并在那里耗尽自身之后,才会出现。……当哲学用灰色的颜料绘成灰色的图画的时候,这一生活形态就变老了。在灰色之上再涂抹灰色,也不能使生活形态变得年轻,而只能使它成为认识的对象。密涅瓦的猫头鹰要等黄昏到来才会起飞。"

——黑格尔:《法哲学原理》

延伸阅读

黑格尔自己的著作

黑格尔最佳的写作常常出现在他为各类作品所写的"前言"或"序"中。它们通常会对主题集中进行勾勒,为明确作品的意图,还会提供一些杰出的说明或隐喻。

有三部优秀的、按主题组织的选集,分别由瓦尔特·考夫曼、米歇尔·伊恩伍德和弗雷德里克·韦斯选编出版。

黑格尔对他的哲学体系最简洁的论述见于他的《哲学全书》,其三卷英译本都是牛津大学出版社出版的:

第一卷《小逻辑》(*Logic*),W. 瓦雷斯译,1975年。

第二卷《自然哲学》(*Philosophy of Nature*),A.V. 米勒译,1970年。

第三卷《精神哲学》(*Phisology of Mind*),W. 瓦雷斯译,1971年。

《精神现象学》(*The Phenomenology of Spirit*)通行的是牛津大学出版社出色的译本(1977年),A.V. 米勒译。J.N. 芬德莱为这部著作写了一个句读式的评注和一篇极为出色的"前言"。

黑格尔的《大逻辑》(*Science of Logic*),以及他有关美学、宗教、哲学史和历史哲学的讲演录,都有英文版。《法哲学》(*Philosophy of Right*,S.B. 尼斯比特译,剑桥大学出版社,1991年)现在通行艾伦·伍德编辑并附有精彩的"导言"和结构导图的新版。黑格尔的大部分课程不仅有完整的译本,而且有概要的单行本,因为黑格尔有在"前言"中提供概要的习惯。

传记

黑格尔生平的英文资料十分少。弗朗兹·魏德曼的《黑格尔》(*Hegel*,译自德文,纽约,1968年)是他的生平编年。瓦尔特·考夫曼的《黑格尔:一种阐释》(*Hegel: a Reinterpretation*,圣母大学出版社,1978年)包含有生平细节描述和文献选录(信件、同代人的回忆文字等)。《黑格尔:书信集》(*Hegel:The Letters*)是多卷本的书信集(C. 巴特勒和 C. 塞勒译,印第安纳大学出版社,1984年),按主题组织,有关黑格尔的生平、他的著作、朋友以及同代人,编辑提供了丰富的信息。

黑格尔研究专著

下列著作从各个特殊的角度对黑格尔的思想提供了导引。

《黑格尔和马克思》(*Hegel and Marx*),埃利耶·克多利埃(可能是最出色的对黑格尔所有文本的导论;有关马克思,只用了一章的篇幅处理他和黑格尔的关系。)(英国牛津和美国剑桥,1995年)

《黑格尔》(*Hegel*),彼得·辛格(牛津大学出版社,1983年)

《黑格尔》(*Hegel*),克拉克·巴特勒(特韦恩出版社,1977年)

《黑格尔和现代社会》(*Hegel and Modern Society*),查尔斯·泰勒(剑桥大学出版社,1979年)

《黑格尔哲学》(*The Philosophy of Hegel*),G.R.G.穆里(特奥梅斯出版社,1965年,1993年重印)

还有一些有关黑格尔的著作也很出色,论述清晰流畅:

《黑格尔》(*Hegel*),查尔斯·泰勒(剑桥大学出版社,1975年)

《现象学的精神》(*The Spirit of the Phenomenology*),R.C.所罗门(牛津大学出版社,1983年)

《黑格尔的现代国家理论》(*Hegel's Theory of the Modern State*),肖罗姆·阿维涅利(剑桥大学出版社,1972年)

《美与真理:黑格尔美学研究》(*Beauty and Truth: A Study of Hegel's Aesthetics*),斯蒂文·邦盖(牛津大学出版社,1986年)

献词和致谢

献给安妮

1975年我和马克·纽曼、多利安·伊奥一起第一次阅读黑格尔。多利安通读了本书的初稿,并提供了许多有益的评论。谨以此书纪念里克·透纳和"75小组"的精神。

除已经提到的三位朋友,还要感谢帕姆、托尼、迈克、米歇尔、阿德里尼、安迪,以及各地所有的"75小组"成员。还要感谢我的父母(感谢他们在1975年的帮助和理解),以及安妮、米歇尔和尼克(感谢他们在1995年的帮助和理解)。

劳埃德

绘者致谢

本书的插图画家要感谢巴西亚、马尔戈西亚和考拉提供的帮助,没有他们的支持,这本书的面世会遥遥无期。

版式设计:安德泽耶·克劳泽和佐兰·耶维蒂克。

索引

Absolute, 绝对主体 46
absolute knowledge, 绝对知识 54, 61, 86
Altenstein, von, 冯·阿尔腾斯特恩 94, 96, 143
anti-semitism, 反犹主义 99
Aristotle, 亚里士多德 74
art, 艺术 122—135

Bastille, fall of, 巴士底狱被攻陷 14, 16
Bible, criticism, 《圣经》批评 37
Boehme, Jacob, 雅各比·波墨 48, 121, 138

Categorical imperative, 绝对律令 33
Christianity, 基督教 33—35, 104
Church vs. State, 教会与国家 32
civil society, 市民社会 107
consciousness, 意识 56, 60
contradiction, 矛盾 81—83
Critical Journal of Philosophy, 《哲学评论杂志》 47
Critiques, the (Kant), 康德三大批判 27—30

desire, 欲望 57
dialectical thinking, 辩证思维 76

economics, 经济学 20
Encyclopaedia of the Philosophical Sciences in Outline, 《哲学全书概要》 92—93
Engels, Friedrich, 弗里德里希·恩格斯 150—151

Enlightenment, the, 启蒙运动 42—43

Feuerbach, Ludwig, 路德维希·费尔巴哈 149
Fichte, Johann, 约翰·费希特 9, 31, 40, 43, 46
First Programme for a System of German Idealism, 《德国唯心主义体系第一纲要》 36
freedom, 自由
 consciousness, 自由意识 57
 evolution of, 自由的演进 104
 and French Revolution, 自由与法国大革命 14—17, 27
 and history, 自由与历史 112
 stages of, 自由诸阶段 115—116
 and the State, 自由与国家 102
French Revolution, 法国大革命 14, 27, 40

Germany, 德国 8—10
God, 上帝 38, 89, 137
Goethe, J.W.von-, J.W.冯·歌德 12—14
Greeks, knowledge of, 古希腊的知识 12

Hardenberg, Prince Karl von, 卡尔·冯·哈登堡亲王 94, 96, 109
Hegel, 黑格尔
 born, 出生 2
 dies, 去世 145
 education, 教育 3, 6—7
 family, 家庭 2—4

father dies, 父亲去世 44
illegitimate son, 私生子 70—71
marries, 结婚 70
newspaper editor, 报纸编辑 66—67
professorship, 教授职位 91
recognition, 得到承认 90
sister, 妹妹 1—5
teaching, 教学 18, 22, 69, 72

Hegelianism, 黑格尔主义
 decline, 衰落 146
 split, 分裂 147
Hess, Moses, 摩西·赫斯 148
historical materialism, 历史唯物主义 150
history, 历史 56
 philosophy of, 哲学史 112—115
Hölderlin, Friedrich, 弗里德里希·荷尔德林 10—11, 22—26, 35

idealism, 唯心主义 47, 56
irony, 反讽 132, 133

Jena, 耶拿 44, 49, 52
Jesus Christ, 耶稣基督 34—35
Judaism, 犹太教 35

Kant, Immanuel, 伊曼努尔·康德 26—33, 40—41, 42, 85
knowing defined, 对知的界定 86
knowledge, 知识 29
 see also absolute knowledge, 亦见"绝对知识"

Lectures on Aesthetics, 《美学讲演录》 122
Life of Jesus, 《耶稣传》 33
logic, 逻辑学 30, 74—85, 93, 121

Marx, Karl, 卡尔·马克思 108, 150—152

master and slave, 主人与奴隶 58—59
metaphysics, 形而上学 30, 38
mind, the, 心灵 93
morality, 道德 106
mystic diagrams, 神秘的图形 138—139

Napoleon, 拿破仑 51—53, 66, 96
nature, 自然 93, 118—123
Niethammer, 尼特哈默尔 50, 52, 68
Novalis, 诺瓦利斯 133

one-in-all, 万有归一 76
oppression, 压迫 59

panlogicism, 泛逻辑主义 143
pantheism, 泛神论 24
Phenomenology of Spirit, The, 《精神现象学》 17, 50, 53—63, 75
Philosophical Propaedeutic, 《哲学初步》 73
Philosophy, 哲学
 of art, 艺术哲学 122—135
 as a circle, 哲学作为一个圆圈 88
 of history, 历史哲学 112
 of nature, 自然哲学 118—122
Philosophy of Right, 《法哲学》 101, 105—107
Pinel, Philippe, 菲利普·皮内尔 5
poetry, 诗歌 129
political economy, 政治经济学 20
politics, 政治 19, 95, 97—99
positivity, 实证性 34, 36, 144
Positivity of Christian Religion, 《基督教的实证性》 34
Psychotherapy, 精神治疗 5

rational, the, 合理的 110
Raumer, Friedrich von, 弗里德里希·冯·洛美尔 90

Reason, 理性 42, 60, 120, 150
religion, 宗教 137
  and art, 宗教与艺术 130—131
  philosophy of, 宗教哲学 136
  political of, 宗教的政治 141
  triagic history, 宗教历史三阶段 140
  see also Bible, criticism; Church vs. State; God; Jesus Christ, 亦见《圣经》批评；教会与国家；上帝；耶稣基督
Romanticism, 浪漫主义 43

Schelling, Friedrich, 弗里德里希·谢林 11, 16, 21, 36, 42—43, 44—49
Schiegel, Friedrich, 弗里德里希·施莱格尔 133
Schleiermacher, Friedrich, 弗里德里希·施莱尔马赫 141
science, 科学 120
Science of Logic,《逻辑学》 72, 80, 86, 90
self-realization, 自我实现 56
social ethics, 社会伦理 106
Spinoza, Baruch de, 巴鲁赫·德·斯宾诺莎 37—39
spirit, 精神 61, 93
Spirit of Christianity and its Fate, The,《基督教的精神及其命运》 35
State, the, 国家 32, 36, 102—103
subjectivity, 主体性 57
sublation, 扬弃 79, 137
System of Science,《科学体系》 50

totality, 总体性 77—79
triadic structure, 三合一结构 84—85
truth, 真理 27, 30, 38—39, 82, 137

universality, 普遍性 82—83
universe, the 世界 29